최신 현지
트렌드 반영

GO! 독학 廣東 광둥어 첫걸음

시원스쿨중국어연구소 · SOW Publishing 지음

단어·회화·문법·패턴·문화로
광둥어 마스터

S 시원스쿨닷컴

초판 1쇄 발행 2023년 1월 19일

지은이 시원스쿨중국어연구소 · SOW Publishing
펴낸곳 (주)에스제이더블유인터내셔널
펴낸이 양홍걸 이시원

홈페이지 china.siwonschool.com
주소 서울시 영등포구 국회대로74길 12
교재 구입 문의 02)2014-8151
고객센터 02)6409-0878

ISBN 979-11-6150-681-4
Number 1-450102-16161607-06

최신 현지
트렌드 반영

GO! 독학

廣東

광둥어
두걸음

시원스쿨중국어연구소 · SOW Publishing 지음

단어·회화·문법·패턴·문화로
광둥어 마스터

S 시원스쿨닷컴

이 책의 구성과 활용

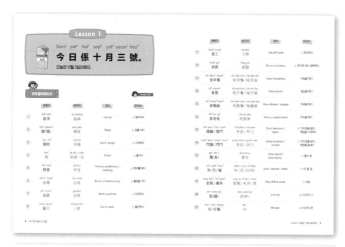

○ 단어 알아보GO! ○

매 과의 주요 단어를 광둥어, 중국어, 영어, 한국어 총 4가지 언어로 제시하여 누구나 쉽게 학습할 수 있습니다.

○ 어휘 늘리GO! ○

새단어 중 매 과의 주제와 관련된 어휘를 그림과 함께 익힐 수 있어 보다 쉽게 단어를 기억할 수 있습니다.

○ 핵심 표현 익히GO! ○

기본적으로 꼭 알아야 할 핵심 표현을 수록하여 실제 상황에서 어떻게 응용되는지 훈련할 수 있습니다.

문법 다지GO! ○

매 과의 핵심 문법을 다양한 예문과 함께 학습할 수 있습니다. MP3 음원을 들으며 듣기와 말하기를 동시에 마스터할 수 있습니다.

회화로 말문트GO! ○

일상생활에서 가장 많이 쓰는 생생한 상황 회화로 구성되어 있어 자연스러운 광둥어를 구사할 수 있습니다.

문제 풀어보GO! ○

다양한 유형의 연습 문제를 풀어보며 자신의 실력을 점검할 수 있습니다.

부록 구성

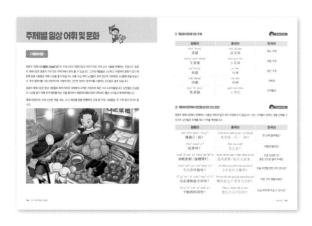

● 주제별 일상 어휘 및 문화 ●

일상 생활과 밀접한 주요 어휘를 한눈에 보기 쉽게
정리하였으며, 생생한 그림으로 현지의 다양한 문화를
직간접적으로 체험할 수 있습니다.

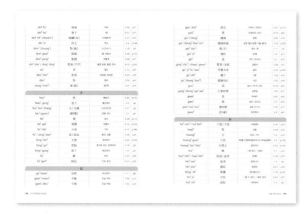

● 어휘 색인(Index) ●

매 과에서 학습한 새단어를 알파벳 순으로 정리하여
원하는 단어를 쉽게 찾아볼 수 있습니다.

● 쓰기 노트 ●

매 과에서 학습한 주요 문장 50개를 직접 쓰면서
연습할 수 있습니다.

목차

MP3 음원 무료 다운로드   china.siwonschool.com
홈페이지 접속 ▶ 학습 지원 센터 ▶ 공부 자료실에서 다운로드 받으실 수 있습니다.

Lesson 1

Gam¹ yat⁶ hai⁶ sap⁶ yüt⁶ saam¹ hou⁶

今 日 係 十 月 三 號。

오늘은 10월 3일이에요.

단어 알아보GO!

Track 1-01

	광둥어	중국어	영어	한국어
1	hei² san¹ 起身	qǐ chuáng 起床	Get up	동 일어나다
2	fan³ (gaau³) 瞓(覺)	shuì jiào 睡觉	Sleep	동 잠을 자다
3	hoi¹ chi² 開始	kāi shǐ 开始	Start / begin	동 시작하다
4	yün⁴ 完	jié shù / wán 结束 / 完	Finish	동 끝나다
5	hoi¹ wui² 開會	kāi huì 开会	Have a conference / meeting	동 회의를 하다
6	chöt¹ chaai¹ 出差	chū chāi 出差	Be on a business trip	동 출장을 가다
7	ga¹ baan¹ 加班	jiā bān 加班	Work overtime	동 야근하다
8	faan¹ gung¹ 返工	shàng bān 上班	Go to work	동 출근하다

광둥어	중국어	영어	한국어
9 fong³ gung¹ 放工	xià bān 下班	Get off work	⑧ 퇴근하다
10 fong³ ga³ 放假	fàng jià 放假	Be on a holiday	⑧ 휴가로 쉬다, 방학하다
11 sik⁶ zhou² chaan¹ 食早餐	chī zǎo cān / chī zǎo fàn 吃早餐 / 吃早饭	Have breakfast	아침을 먹다
12 sik⁶ ngaan³ 食晏	chī wǔ cān / chī wǔ fàn 吃午餐 / 吃午饭	Have lunch	점심을 먹다
13 sik⁶ maan⁵ faan⁶ 食晚飯	chī wǎn cān / chī wǎn fàn 吃晚餐 / 吃晚饭	Have dinner / supper	저녁을 먹다
14 sik⁶ siu¹ ye² 食宵夜	chī yè xiāo 吃夜宵	Have a night snack	야식을 먹다
15 hoi¹ pou³ / hoi¹ mun⁴ 開舖 / 開門	kāi diàn / kāi mén 开店 / 开门	Start business / open	⑧ 가게 문을 열다, 영업을 시작하다
16 saan¹ pou³ / saan¹ mun⁴ 閂舖 / 閂門	guān diàn / guān mén 关店 / 关门	Close business / closed	⑧ 가게 문을 닫다, 영업을 끝내다
17 gei² (do¹) 幾(多)	duō shao 多少	How much / how many	⑪ 얼마, 몇
18 nin⁴ / yüt⁶ / hou⁶ 年 / 月 / 號	nián / yuè / rì (hào) 年 / 月 / 日(号)	year / month / date	⑲ 년, 월, 일
19 sing¹ kei⁴ / lai⁵ baai³ 星期 / 禮拜	xīng qī / lǐ bài / zhōu 星期 / 礼拜 / 周	Day of the week	⑲ 요일
20 dim² (zhung¹) 點(鐘)	diǎn (zhōng) 点(钟)	o'clock	⑱ (시간의) 시
21 fan¹ / fan¹ zhung¹ 分 / 分鐘	fēn 分	Minute	⑱ (시간의) 분

	광둥어	중국어	영어	한국어
22	miu⁵ 秒	miǎo 秒	Second	⑱ 초
23	go³ zhung¹ (tau⁴) 個鐘(頭)	xiǎo shí / zhōng tóu 小时 / 钟头	Hour	⑲ 시간
24	go³ zhi⁶ 個字	wǔ fēn (zhōng) 五分(钟)	5 minutes	5분
25	gam¹ zhiu¹ 今朝	jīn tiān zǎo shang 今天早上	This morning	오늘 아침
26	gam¹ maan⁵ 今晚	jīn (tiān) wǎn (shang) 今(天)晚(上)	Tonight	오늘 저녁
27	yi⁴ ga¹ 而家	xiàn zài 现在	Now	⑲ 지금
28	yau⁵ si⁴ 有時	yǒu shí (hou) 有时(候)	Sometimes	⑲ 가끔
29	cha¹ m⁴ do¹ 差唔多	chà bu duō 差不多	Almost, about	⑲ 거의
30	zhau⁶ lai⁴ 就嚟	kuài yào 快要	soon	⑲ 곧, 머지않아
31	cha¹ / zhaang¹ 差 / 爭	chà 差	minutes remaining	⑧ 모자라다, 부족하다
32	zhi¹ chin⁴ 之前	zhī qián 之前	Before	⑲ ~의 앞, ~의 전
33	zhi¹ hau⁶ 之后	zhī hòu 之后	After	⑲ ~후, ~뒤
34	mui⁵ 每	měi 每	Every	⑭ 모든, ~마다

	광동어	중국어	영어	한국어
35	yau⁴······dou³······ 由······到······	cóng······dào······ 从······到······	From······to / until······	~부터 ~까지
36	yat¹ chai⁴ 一齊	yì qǐ 一起	Together	(부) 같이
37	gung¹ zhung³ ga³ kei⁴ 公眾假期	gōng zhòng jià qī 公众假期	Public holiday	(명) 공휴일
38	nin⁴ ga³ 年假	nián jià 年假	Annual leave	(명) 연차
39	beng⁶ ga³ 病假	bìng jià 病假	Sick leave	(명) 병가
40	yau¹ sik¹ 休息	xiū xi 休息	Take a rest	(동) 휴식하다
41	gei² si⁴ 幾時	shén me shí hou / hé shí 什么时候 / 何时	When	(대) 언제
42	ching² man⁶ 請問	qǐng wèn 请问	May I ask / Could you tell me	(동) 실례합니다, 잠깐 여쭙겠습니다
43	zhiu¹ (tau⁴) zhou² / söng⁶ zhau³ 朝(頭)早 / 上晝	zǎo shang / shàng wǔ 早上 / 上午	Morning	(명) 아침, 오전
44	ngaan³ zhau³ / ha⁶ zhau³ 晏晝 / 下晝	xià wǔ 下午	Afternoon	(명) 점심, 오후
45	ye⁶ maan⁵ 夜晚	wǎn shang 晚上	Night	(명) 저녁, 밤
46	bun³ ye² 半夜	bàn yè / líng chén 半夜 / 凌晨	Midnight	(명) 새벽, 한밤중

* '半夜'는 bun³ ye² 혹은 bun³ ye⁶로도 발음이 가능합니다.

47	zho² 咗	(yǐ jīng)······le (已经)······了	Did or has / have done something already	(조) (이미) ~했다, ~하게 되었다

hei² san¹
起身
qǐ chuáng
起床
Get up
일어나다

fan³ (gaau³)
瞓(覺)
shuì jiào
睡觉
Sleep
잠을 자다

sik⁶ zhou² chaan¹
食早餐
chī zǎo cān / chī zǎo fàn
吃早餐 / 吃早饭
Have breakfast
아침을 먹다

sik⁶ ngaan³
食晏
chī wǔ cān / chī wǔ fàn
吃午餐 / 吃午饭
Have lunch
점심을 먹다

sik⁶ maan⁵ faan⁶
食晚飯
chī wǎn cān / chī wǎn fàn
吃晚餐 / 吃晚饭
Have dinner / supper
저녁을 먹다

sik⁶ siu¹ ye²
食宵夜
chī yè xiāo
吃夜宵
Have night snack
야식을 먹다

faan¹ gung¹
返工

shàng bān
上班

Go to work

출근하다

hoi¹ wui²
開會

kāi huì
开会

Have a conference / meeting

회의를 하다

ga¹ baan¹
加班

jiā bān
加班

Work overtime

야근하다

fong³ gung¹
放工

xià bān
下班

Get off work

퇴근하다

hoi¹ pou³ / hoi¹ mun⁴
開舖 / 開門

kāi diàn / kāi mén
开店 / 开门

Start business / open

가게 문을 열다, 영업을 시작하다

saan¹ pou³ / saan¹ mun⁴
閂舖 / 閂門

guān diàn / guān mén
关店 / 关门

Close business / closed

가게 문을 닫다, 영업을 끝내다

시간, 날짜, 햇수 표현

	시간	날짜	햇수
1	yat¹ dim² daap⁶ yat¹ fan¹ 一點踏一分 yī diǎn líng wǔ fēn 一点零五分 Five past one 1시 5분	yat¹ yüt⁶ yat¹ hou⁶ 一月一號 yī yuè yī hào 一月一号 1 January 1월 1일	yat¹ nin⁴ 一年 yì nián 一年 One year 1년
2	löng⁵ dim² daap⁶ yi⁶ fan¹ 兩點踏二分 liǎng diǎn shí fēn 两点十分 Ten past two 2시 10분	yi⁶ yüt⁶ yi⁶ hou⁶ 二月二號 èr yuè èr hào 二月二号 2 February 2월 2일	löng⁵ nin⁴ 兩年 liǎng nián 两年 Two years 2년
3	saam¹ dim² daap⁶ saam¹ fan¹ 三點踏三分 sān diǎn shí wǔ fēn 三点十五分 A quarter past three 3시 15분	saam¹ yüt⁶ saam¹ hou⁶ 三月三號 sān yuè sān hào 三月三号 3 March 3월 3일	saam¹ nin⁴ 三年 sān nián 三年 Three years 3년
4	sei³ dim² daap⁶ sei³ fan¹ 四點踏四分 sì diǎn èr shí fēn 四点二十分 Four twenty 4시 20분	sei³ yüt⁶ sei³ hou⁶ 四月四號 sì yuè sì hào 四月四号 4 April 4월 4일	sei³ nin⁴ 四年 sì nián 四年 Four years 4년

	시간	날짜	햇수
5	ng⁵ dim² daap⁶ ng⁵ fan¹ 五點踏五分 wǔ diǎn èr shí wǔ fēn 五点二十五分 Five twenty-five 5시 25분	ng⁵ yüt⁶ ng⁵ hou⁶ 五月五號 wǔ yuè wǔ hào 五月五号 5 May 5월 5일	ng⁵ nin⁴ 五年 wǔ nián 五年 Five years 5년
6	luk⁶ dim² bun³ 六點半 liù diǎn sān shí fēn 六点三十分 Half past six 6시 30분	luk⁶ yüt⁶ luk⁶ hou⁶ 六月六號 liù yuè liù hào 六月六号 6 June 6월 6일	luk⁶ nin⁴ 六年 liù nián 六年 Six years 6년
7	chat¹ dim² daap⁶ chat¹ fan¹ 七點踏七分 qī diǎn sān shí wǔ fēn 七点三十五分 Seven thirty-five 7시 35분	chat¹ yüt⁶ chat¹ hou⁶ 七月七號 qī yuè qī hào 七月七号 7 July 7월 7일	chat¹ nin⁴ 七年 qī nián 七年 Seven years 7년
8	baat³ dim² daap⁶ baat³ fan¹ 八點踏八分 bā diǎn sì shí fēn 八点四十分 Eight forty 8시 40분	baat³ yüt⁶ baat³ hou⁶ 八月八號 bā yuè bā hào 八月八号 8 August 8월 8일	baat³ nin⁴ 八年 bā nián 八年 Eight years 8년

	시간	날짜	햇수
9	gau² dim² daap⁶ gau² fan¹ 九點踏九分 jiǔ diǎn sì shí wǔ fēn 九点四十五分 A quarter to ten 9시 45분	gau² yüt⁶ gau² hou⁶ 九月九號 jiǔ yuè jiǔ hào 九月九号 9 September 9월 9일	gau² nin⁴ 九年 jiǔ nián 九年 Nine years 9년
10	sap⁶ dim² daap⁶ sap⁶ fan¹ 十點踏十分 shí diǎn wǔ shí fēn 十点五十分 Ten fifty 10시 50분	sap⁶ yüt⁶ sap⁶ hou⁶ 十月十號 shí yuè shí hào 十月十号 10 October 10월 10일	sap⁶ nin⁴ 十年 shí nián 十年 Ten years 10년
11	gei² dim²? 幾點? jǐ diǎn? 几点? What time is it? 몇 시예요?	gei² yüt⁶ gei² hou⁶? 幾月幾號? jǐ yuè jǐ hào? 几月几号? What date is it? 몇 월 며칠이에요?	gei² do¹ nin⁴? 幾多年? duō shao nián? 多少年? How many years? 몇 년이에요?

* '踏'은 '가리키다'라는 뜻으로 분침이 숫자 몇을 가리키는지를 의미하며, '個字'와 마찬가지로 '5분'이라는 뜻을 나타냅니다.
  예를 들어 '兩點踏二'은 '분침이 숫자 2를 가리키고 있다'는 뜻으로 '2시 10분'을 의미합니다.

요일 표현

요일	
sing¹ kei⁴ / lai⁵ baai³ 星期 / 禮拜 + ▭	xīng qī / lǐ bài / zhōu 星期 / 礼拜 / 周 + ▭

yat⁶ 日 rì / tiān 日/天 Sunday 일요일	yat¹ 一 yī 一 Monday 월요일	yi⁶ 二 èr 二 Tuesday 화요일	saam¹ 三 sān 三 Wednesday 수요일	sei³ 四 sì 四 Thursday 목요일	ng⁵ 五 wǔ 五 Friday 금요일	luk⁶ 六 liù 六 Saturday 토요일

시간 표현

Track 1-04

5:00 ~ 11:59	12:00	12:00 ~ 18:00	18:00 ~ 24:00	24:00 ~ 5:00
zhiu¹ (tau⁴) zhou² / söng⁶ zhau³ 朝(頭)早/上晝 zǎo shang / shàng wǔ 早上/上午 Morning 아침, 오전	zhing³ ng⁵ 正午 zhōng wǔ 中午 Noon 정오	ngaan³ zhau³ / ha⁶ zhau³ 晏晝 / 下晝 xià wǔ 下午 Afternoon 점심, 오후	ye⁶ maan⁵ 夜晚 wǎn shang 晚上 Night 저녁, 밤	bun³ ye² 半夜 bàn yè / líng chén 半夜/凌晨 midnight 새벽, 한밤중

그밖에 시간 표현

광둥어	중국어	한국어
löng⁵ dim² yat¹ go³ zhi⁶ 兩點一個字	liǎng diǎn líng wǔ fēn 两点零五分	2시 5분
löng⁵ dim² gei² 兩點幾	liǎng diǎn duō 两点多	2시쯤
löng⁵ dim² daap⁶ sap⁶ yat¹ 兩點踏十一	liǎng diǎn wǔ shí wǔ fēn 两点五十五分	2시 55분
cha¹ m⁴ do¹ saam¹ dim² zhung¹ 差唔多三點鐘	chà bu duō sān diǎn 差不多三点	거의 3시

일·주·월·년 표현

	일(日)	주(周)	월(月)	년(年)
과거	chin⁴ yat⁶ 前日 qián tiān 前天 The day before yesterday 그제 cham⁴ yat⁶ / kam⁴ yat⁶ 噚日 / 琴日 zuó tiān 昨天 Yesterday 어제	söng⁶ go³ sing¹ kei⁴ 上個星期 shàng (ge) xīng qī 上(个)星期 Last week 지난주	söng⁶ go³ yüt⁶ 上個月 shàng ge yuè 上个月 Last month 지난달	chin⁴ nin² 前年 qián nián 前年 The year before last 재작년 söng⁶ nin² / gau⁶ nin² 上年 / 舊年 qù nián 去年 Last year 작년

현재	gam¹ yat⁶ 今日 jīn tiān 今天 Today 오늘	gam¹ go³ sing¹ kei⁴ 今個星期 ni¹ go³ sing¹ kei⁴ 呢個星期 zhè (ge) xīng qī 这(个)星期 This week 이번 주	gam¹ go³ yüt⁶ 今個月 ni¹ go³ yüt⁶ 呢個月 zhè ge yuè 这个月 This month 이번 달	gam¹ nin² 今年 jīn nián 今年 This year 올해
미래	ting¹ yat⁶ 聽日 míng tiān 明天 Tomorrow 내일 hau⁶ yat⁶ 後日 hòu tiān 后天 The day after tomorrow 모레	ha⁶ go³ sing¹ kei⁴ 下個星期 xià (ge) xīng qī 下(个)星期 Next week 나음 주	ha⁶ go³ yüt⁶ 下個月 xià ge yuè 下个月 Next month 다음 딜	ming⁴ nin² / chöt¹ nin² / ha⁶ nin² 明年 / 出年 / 下年 míng nián 明年 Next year 내년 hau⁶ nin² 後年 hòu nián 后年 The year after next 내후년

Tip

* '正'은 '정각'이라는 뜻으로 '三點正'은 '3시 정각'을 의미합니다.
* '半'은 '30분, 반'이라는 뜻으로 '三點半'은 '3시반, 3시 30분'을 의미합니다.
  또한 '半個月'와 같이 '한 달의 반(15일, 보름)' 혹은 '1년의 반'을 표현할 때도 쓰입니다.

Track 1-07

광둥어	중국어

1
Yiu³ dang² gei² noi⁶ ga³?
要等幾耐㗎？
Yào děng duō jiǔ?
要等多久？

2
Dang² do¹ yat¹ go³ zhi⁶ la¹.
等多一個字啦。
Zài děng wǔ fēn zhōng ba.
再等五分钟吧。

3
Ngo⁵ lou⁵ baan² yiu³ ngo⁵ ga¹ baan¹.
我老闆要我加班。
Lǎo bǎn yào wǒ jiā bān.
老板要我加班。

4
Gam¹ yat⁶ hai⁶ gung¹ zhung³ ga³ kei⁴.
今日係公眾假期。
Jīn tiān shì gōng zhòng jià qī.
今天是公众假期。

5
Ngo⁵ fung⁴ sing¹ kei⁴
~ hok⁶ Gwong² dung¹ wa².
我逢星期～學廣東話。
Wǒ měi féng xīng qī
~ xué Guǎng dōng huà.
我每逢星期～学广东话。

6
Fong³ ga³ yau⁵ me¹ zhit³ muk⁶ a³?
放假有咩節目呀？
Fàng jià yǒu shén me jié mù ya?
放假有什么节目呀？

7
Nei⁵ yi⁴ ga¹ yau⁵ mou⁵ si⁴ gaan³ a³?
你而家有冇時間呀？
Nǐ xiàn zài yǒu kòng / shí jiān ma?
你现在有空／时间吗？

8
Fong³ zho² gung¹ höü³ yam² ye⁵ a¹?
放咗工去飲嘢吖？
Xià bān hòu qù hē yì bēi?
下班后去喝一杯？

9
Ngo⁵ m⁴ sü¹ fuk⁶, yiu³ cheng² beng⁶ ga³.
我唔舒服，要請病假。
Wǒ bù shū fu, yào qǐng bìng jià.
我不舒服，要请病假。

영어	한국어
How long do we have to wait?	얼마나 기다려야 하나요?
Please wait for 5 more minutes.	5분만 더 기다려 주세요.
Boss makes me work overtime.	사장님께서 야근하래요.
Today is a public holiday.	오늘은 공휴일이에요.
I attend Cantonese lessons every······. (day of the week)	저는 ~요일마다 광둥어를 배워요.
What are you going to do during the holidays?	휴일 동안 무엇을 할 거예요?
Do you have some time now?	지금 시간 있나요?
Let's have a drink after work.	퇴근하고 한잔 할래요?
I am not feeling very well, I need to take a sick leave.	저는 몸이 안 좋아서, 병가 좀 낼게요.

① 긍정문: 주어 + 係(~이다) + 시간/날짜/요일

	광둥어	중국어
1	Yi⁴ ga¹ hai⁶ ngaan³ zhau³ yat¹ dim² (zhung¹). 而家係晏晝一點(鐘)。	Xiàn zài shì xià wǔ yī diǎn (zhōng). 现在是下午一点(钟)。
2	Gam¹ yat⁶ hai⁶ ng⁵ yüt⁶ saam¹ hou⁶. 今日係五月三號。	Jīn tiān shì wǔ yuè sān hào. 今天是五月三号。
3	Ting¹ yat⁶ hai⁶ sing¹ kei⁴ yat⁶. 聽日係星期日。	Míng tiān shì xīng qī tiān. 明天是星期天。

② 동작과 관련된 긍정문: 주어 + 시간/날짜/요일 + 동작

	광둥어	중국어
1	Köü⁵ gam¹ zhiu¹ baat³ dim² (zhung¹) sik⁶ zhou² chaan¹. 佢今朝八點(鐘)食早餐。	Tā jīn tiān zǎo shang bā diǎn (zhōng) chī zǎo cān. 她今天早上八点(钟)吃早餐。
2	Ngo⁵ gam¹ maan⁵ luk⁶ dim² (zhung¹) fong³ gung¹. 我今晚六點(鐘)放工。	Wǒ jīn tiān wǎn shang liù diǎn (zhōng) xià bān. 我今天晚上六点(钟)下班。
3	Zhung² ging¹ lei⁵ hau⁶ yat⁶ fong³ ga³. 總經理後日放假。	Zǒng jīng lǐ hòu tiān fàng jià. 总经理后天放假。

영어	한국어
It is 1pm now.	지금은 오후 1시예요.
Today is 3 May.	오늘은 5월 3일이에요.
Tomorrow is Sunday.	내일은 일요일이에요.

영어	한국어
She had breakfast at 8 this morning.	그녀는 오늘 아침 8시에 아침을 먹었어요.
I get off work at 6 tonight.	저는 오늘 저녁 6시에 퇴근해요.
The general manager is on holiday the day after tomorrow.	사장님은 모레 휴가예요.

③ 의문문: 주어 + 係(~이다) + 시간/날짜/요일 + 呀?

	광둥어	중국어
1	Gam¹ yat⁶ hai⁶ gei² yüt⁶ gei² hou⁶ a³? 今日係幾月幾號呀？	Jīn tiān shì jǐ yuè jǐ hào? 今天是几月几号？
2	Cham⁴ yat⁶ hai⁶ sing¹ kei⁴ gei² a³? 噚日係星期幾呀？	Zuó tiān shì xīng qī jǐ? 昨天是星期几？
3	Yi⁴ ga¹ hai⁶ gei² (do¹) dim² a³? 而家係幾(多)點呀？	Xiàn zài jǐ diǎn? 现在几点？

④ 동작에 초점을 맞춘 의문문: 주어 + 시간/날짜/요일 + 동작 + 呀?

	광둥어	중국어
1	Ngo⁵ dei⁶ sing¹ kei⁴ gei² hoi¹ wui² a³? 我哋星期幾開會呀？	Wǒ men xīng qī jǐ kāi huì? 我们星期几开会？
2	Ngan⁴ hong⁴ bin¹ yat⁶ saan¹ mun⁴ a³? 銀行邊日閂門呀？	Yín háng nǎ tiān guān mén? 银行哪天关门？
3	Nei⁵ gei² dim² faan¹ gung¹ a³? 你幾點返工呀？	Nǐ jǐ diǎn shàng bān? 你几点上班？

영어	한국어
What date is today?	오늘은 몇 월 며칠이에요?
Which day of week was yesterday?	어제는 무슨 요일이었어요?
What time is it now?	지금은 몇 시예요?

영어	한국어
On which day of week do we have a conference?	저희는 무슨 요일에 회의를 하나요?
On which day are the banks closed?	은행은 언제 문을 닫나요?
What time do you go to work?	당신은 몇 시에 출근하나요?

⑤ **과거형 긍정문: 주어 + 동사 + 咗[~했다] + 목적어**

	광둥어	중국어
1	Köü⁵ dei⁶ sik⁶ zho² maan⁵ faan⁶. 佢哋食咗晚飯。	Tā / Tā men chī wǎn cān le. 他 / 她们吃晚餐了。
2	Ngo⁵ höü³ zho² faan¹ gung¹. 我去咗返工。	Wǒ shàng bān qù le. 我上班去了。
3	Köü⁵ fong³ zho² ga³. 佢放咗假。	Tā fàng jià le. 他放假了。

⑥ **시간과 관련된 긍정문: 주어 + 由[~부터] + 시간 + 동사 + 到[~까지] + 시간**

	광둥어	중국어
1	Ngo⁵ yau⁴ ye⁶ maan⁵ sap⁶ yat¹ dim² (zhung¹) fan³ dou³ zhiu¹ zhou² chat¹ dim² (zhung¹). 我由夜晚十一點(鐘) 瞓到朝早七點(鐘)。	Wǒ cóng wǎn shang shí yī diǎn (zhōng) shuì dào zǎo shang qī diǎn (zhōng). 我从晚上十一点(钟) 睡到早上七点(钟)。
2	Köü⁵ dei⁶ yau⁴ ha⁶ zhau³ löng⁵ dim² (zhung¹) hoi¹ wui² dou³ ha⁶ zhau³ sei³ dim² (zhung¹). 佢哋由下晝兩點(鐘) 開會到下晝四點(鐘)。	Tā / Tā men cóng xià wǔ liǎng diǎn (zhōng) kāi huì dào xià wǔ sì diǎn (zhōng). 他/她们从下午两点(钟) 开会到下午四点(钟)。
3	Ngo⁵ dei⁶ yau⁴ ye⁶ maan⁵ luk⁶ dim² (zhung¹) ga¹ baan¹ dou³ ye⁶ maan⁵ gau² dim² (zhung¹). 我哋由夜晚六點(鐘) 加班到夜晚九點(鐘)。	Wǒ men cóng wǎn shang liù diǎn (zhōng) jiā bān dào wǎn shang jiǔ diǎn (zhōng). 我们从晚上六点(钟) 加班到晚上九点(钟)。

영어	한국어
They have had dinner.	그들/그녀들은 저녁을 먹었어요.
I have gone to work.	저는 출근했어요.
He has started his holiday.	그는 휴가예요.

영어	한국어
I sleep from 11pm to 7am.	저는 저녁 11시부터 아침 7시까지 자요.
They have a meeting from 2pm to 4pm.	그들/그녀들은 오후 2시부터 오후 4시까지 회의를 해요.
We work overtime from 6pm to 9pm.	저희는 저녁 6시부터 저녁 9시까지 야근을 해요.

광둥어
1 Gam¹ yat⁶ hai⁶ gei² nin⁴ gei² yüt⁶ gei² hou⁶ a³? Ⓐ 今日係幾年幾月幾號呀？ Gam¹ yat⁶ hai⁶ yi⁶ ling⁴ yat¹ yi⁶ nin⁴ sei³ yüt⁶ sap⁶ luk⁶ hou⁶. Ⓑ 今日係2012年4月16號。
2 Yi⁴ ga¹ hai⁶ bun³ ye² yat¹ dim² ng⁵ sap⁶ fan¹. 而家係半夜一點五十分。 Cha¹ sap⁶ fan¹ zhung¹ löng⁵ dim² (zhung¹). 差十分鐘兩點(鐘)。
3 Köü⁵ mui⁵ maan⁵ sap⁶ yat¹ dim² fan³ gaau³, 佢每晚十一點瞓覺， mui⁵ zhiu¹ baat³ dim² hei² san¹. 每朝八點起身。
4 Chiu¹ kap¹ si⁵ chöng⁴ zhiu¹ zhou² gau² dim² hoi¹ pou³, 超級市場朝早九點開舖， ye⁶ maan⁵ sap⁶ yat¹ dim² bun³ saan¹ pou³. 夜晚十一點半閂舖。
5 Wong⁴ sin¹ saang¹ mui⁵ zhiu¹ luk⁶ dim² faan¹ gung¹. 黃先生每朝六點返工。 Yöng⁴ siu² zhe² dou¹ hai⁶ mui⁵ zhiu¹ luk⁶ dim² faan¹ gung¹. 楊小姐都係每朝六點返工。

중국어	한국어
Jīn tiān shì nǎ yì nián jǐ yuè jǐ hào? Ⓐ 今天是哪一年几月几号？ Jīn tiān shì èr líng yī èr nián sì yuè shí liù hào. Ⓑ 今天是2012年4月16号。	Ⓐ 오늘은 몇 년 몇 월 며칠이에요? Ⓑ 오늘은 2012년 4월 16일이에요.
Xiàn zài shì bàn yè yī diǎn wǔ shí fēn. 现在是半夜一点五十分。 Chà shí fēn zhōng liǎng diǎn. 差十分钟两点。	지금은 새벽 1시 50분이에요. 10분만 있으면 2시예요.
Tā měi wǎn shí yī diǎn shuì jiào, 她每晚十一点睡觉， měi tiān zǎo shang bā diǎn qǐ chuáng. 每天早上八点起床。	그녀는 매일 저녁 11시에 자서, 매일 아침 8시에 일어나요.
Chāo shì zǎo shang jiǔ diǎn kāi mén, 超市早上九点开门， wǎn shang shí yī diǎn bàn guān mén. 晚上十一点半关门。	슈퍼마켓은 아침 9시에 문을 열어서, 저녁 11시 반에 문을 닫아요.
Huáng xiān sheng měi tiān zǎo shang liù diǎn shàng bān. 黄先生每天早上六点上班。 Yáng xiǎo jie yě shì měi tiān zǎo shang liù diǎn shàng bān. 杨小姐也是每天早上六点上班。	황 선생님은 매일 아침 6시에 출근해요. 미스 양도 매일 아침 6시에 출근해요.

6

Ngo⁵ mui⁵ zhiu¹ chat¹ dim² bun³ sik⁶ zhou² chaan¹,
我每朝七點半食早餐，

ngaan³ zhau³ sap⁶ yi⁶ dim² sik⁶ ngaan³,
晏晝十二點食晏，

ye⁶ maan⁵ gau² dim² sik⁶ maan⁵ faan⁶.
夜晚九點食晚飯。

7

Ⓐ Nei⁵ go³ haak³ ting¹ yat⁶ gei² dim² lai⁴ a³?
你個客聽日幾點嚟呀？

Ⓑ Ngo⁵ go³ haak³ ting¹ yat⁶ ha⁶ zhau³
我個客聽日下晝

löng⁵ dim² sap⁶ ng⁵ fan¹ (saam¹ go³ zhi⁶) lai⁴.
兩點十五分(三個字)嚟。

8

Köü⁵ yau⁴ gam¹ yat⁶ chöt¹ chaai¹ dou³ hau⁶ yat⁶,
佢由今日出差到後日，

hau⁶ yat⁶ ha⁶ zhau³ yat¹ dim² hoi¹ wui².
後日下晝一點開會。

9

Cham⁴ yat⁶ gung¹ si¹ fong³ zho² ga³.
嚟日公司放咗假。

Gam¹ yat⁶ ngo⁵ faan¹ gung¹.
今日我返工。

중국어	한국어
Wǒ měi tiān zǎo shang qī diǎn bàn chī zǎo cān, 我每天早上七点半吃早餐， shí èr diǎn chī wǔ cān, 十二点吃午餐， wǎn shang jiǔ diǎn chī wǎn cān. 晚上九点吃晚餐。	저는 매일 아침 7시 반에 아침을 먹고, 12시에 점심을 먹고, 저녁 9시에 저녁을 먹어요.
Nǐ de kè hù míng tiān jǐ diǎn lái? Ⓐ 你的客户明天几点来？ Wǒ de kè hù míng tiān xià wǔ Ⓑ 我的客户明天下午 liǎng diǎn shí wǔ fēn lái. 两点十五分来。	Ⓐ 당신의 고객은 내일 몇 시에 오시나요? Ⓑ 제 고객은 내일 오후 2시 15분에 오세요.
Tā cóng jīn tiān kāi shǐ chū chāi dào hòu tiān, 他从今天开始出差到后天， hòu tiān xià wǔ yī diǎn kāi huì. 后天下午一点开会。	그는 오늘부터 모레까지 출장을 가고, 모레 오후 1시에 회의를 해요.
Zuó tiān gōng sī fàng le jià. 昨天公司放了假。 Jīn tiān wǒ shàng bān. 今天我上班。	어제는 회사 쉬는 날이었어요. 오늘 저는 출근해요.

10

Ngo⁵ gau⁶ nin² höü³ zho² Yat⁶ bun².
我舊年去咗日本。

Gam¹ nin² höü³ Ying¹ gwok³.
今年去英國。

11

Ngo⁵ gam¹ zhiu¹ sap⁶ dim² hoi¹ zho² wui²,
我今朝十點開咗會，

nei⁵ gei² dim² hoi¹ wui² a³?
你幾點開會呀？

12

Ngo⁵ lou⁵ gung¹ ga¹ baan¹ dou³ sap⁶ dim²,
我老公加班到十點，

bun³ ye² yat¹ dim² fan³ gaau³.
半夜一點瞓覺。

13

Köü⁵ mui⁵ yat⁶ ha⁶ zhau³ ng⁵ dim² bun³ fong³ gung¹.
佢每日下晝五點半放工。

Yau⁵ si⁴ ga¹ baan¹ dou³ ye⁶ maan⁵ baat³ dim².
有時加班到夜晚八點。

14

Ngo⁵ yi⁴ ga¹ faan¹ gung¹.
我而家返工。

Gam¹ maan⁵ gau² dim² sik⁶ maan⁵ faan⁶.
今晚九點食晚飯。

중국어	한국어
Wǒ qù nián qù le Rì běn. 我去年去了日本。 Jīn nián qù Yīng guó. 今年去英国。	저는 작년에 일본에 갔어요. 올해는 영국에 가요.
Wǒ jīn tiān zǎo shang shí diǎn kāi le huì, 我今天早上十点开了会， nǐ jǐ diǎn kāi huì? 你几点开会？	저는 오늘 아침 10시에 회의를 했어요. 당신은 몇 시에 회의해요?
Wǒ lǎo gōng jiā bān dào shí diǎn, 我老公加班到十点， bàn yè yī diǎn shuì jiào. 半夜一点睡觉。	제 남편은 10시까지 야근을 해서, 새벽 1시에 자요.
Tā měi tiān xià wǔ wǔ diǎn bàn xià bān. 他每天下午五点半下班。 Yǒu shí jiā bān dào wǎn shang bā diǎn. 有时加班到晚上八点。	그는 매일 오후 5시 반에 퇴근해요. 가끔은 저녁 8시까지 야근해요.
Wǒ xiàn zài shàng bān. 我现在上班。 Jīn wǎn jiǔ diǎn chī wǎn fàn. 今晚九点吃晚饭。	저는 지금 출근해요. 오늘 저녁 9시에 저녁을 먹어요.

	광둥어
미스 림	Zhöng¹ siu² zhe², nei⁵ ting¹ yat⁶ faan¹ m⁴ faan¹ gung¹ a³? 張小姐，你聽日返唔返工呀？
미스 장	Lam⁴ siu² zhe², ting¹ yat⁶ hai⁶ gung¹ zhung³ ga³ kei⁴, 林小姐，聽日係公眾假期， gung¹ si¹ fong³ ga³, ngo⁵ m⁴ faan¹ gung¹. 公司放假，我唔返工。
미스 림	Gam², nei⁵ gam¹ maan⁵ sik⁶ m⁴ sik⁶ siu¹ ye² a³? 噉，你今晚食唔食宵夜呀？
미스 장	Ngo⁵ sik⁶ a³. 我食呀。
미스 림	Gam², nei⁵ gam¹ maan⁵ gei² dim² fong³ gung¹ a³? 噉，你今晚幾點放工呀？
미스 장	Gam¹ maan⁵ ngo⁵ lou⁵ baan² yiu³ ngo⁵ ga¹ baan¹. 今晚我老闆要我加班。 Ngo⁵ ga¹ baan² dou³ sap⁶ dim², zhi¹ hau⁶ fong³ gung¹. 我加班到十點，之後放工。
미스 림	Ngo⁵ dou¹ hai⁶. 我都係。
미스 장	Gam², ngo⁵ sap⁶ dim² da² din⁶ wa² wan² nei⁵. 噉，我十點打電話搵你。

중국어	한국어
Zhāng xiǎo jie, nǐ míng tiān shàng bu shàng bān? 张小姐，你明天上不上班？	미스 장, 내일 출근해요?
Lín xiǎo jie, míng tiān shì gōng zhòng jià qī, 林小姐，明天是公众假期， gōng sī fàng jià, wǒ bú shàng bān. 公司放假，我不上班。	미스 림, 내일은 공휴일이어서, 쉬는 날이라, 출근하지 않아요.
Nà me, nǐ jīn wǎn chī bu chī yè xiāo? 那么，你今晚吃不吃夜宵？	그러면 오늘 저녁에 야식 먹을래요?
Wǒ chī. 我吃。	먹을래요.
Nà me, nǐ jīn wǎn jǐ diǎn xià bān? 那么，你今晚几点下班？	그러면 오늘 저녁 몇 시에 퇴근하세요?
Jīn wǎn wǒ lǎo bǎn yào wǒ jiā bān. 今晚我老板要我加班。 Wǒ jiā bān dào shí diǎn, rán hòu xià bān. 我加班到十点，然后下班。	오늘 저녁은 저희 사장님께서 야근하라고 하셨어요. 10시까지 야근한 후에 퇴근해요.
Wǒ yě shì. 我也是。	저도요.
Nà me, wǒ shí diǎn dǎ diàn huà zhǎo nǐ ba. 那么，我十点打电话找你吧。	그러면 제가 10시에 전화드릴게요.

연습 문제 정답 p138

1 다음 제시된 날짜를 보고 광둥어 발음을 써 보세요.

> 예시 1945年8月9號星期一
>
> ➡ Yat¹ gau² sei³ ng⁵ nin⁴ baat³ yüt⁶ gau² hou⁶, sing¹ kei⁴ yat¹.

① 2023年1月1號星期四

➡ _____ .

② 1978年7月31號星期六

➡ _____ .

③ 1994年12月25號星期日

➡ _____ .

2 다음 제시된 시간을 보고 광둥어로 써 보세요.

> 예시 9:00 am
>
> ➡ 朝早 / 上晝九點鐘 / 正。

① 12:30 pm

➡ _____ 。

② 6:22 pm

➡ _____ 。

③ 7:00 am

➡ _____ 。

3 다음 제시된 시간을 보고 광둥어 발음을 써 보세요.

예시 am

→ Zhiu¹ zhou² / Söng⁶ zhau³ chat¹ dim² daap⁶ gau² / gau² go³ zhi⁶.

1 pm

→ _____ .

2 am

→ _____ .

3 pm

→ _____ .

4 pm

→ _____ .

5 am

→ _____ .

4 다음 주어진 대화문을 읽고 질문에 광둥어로 답해 보세요.

> 黃小姐：李小姐，而家幾多點呀？
>
> 李小姐：而家四點半。
>
> 黃小姐：你今日加唔加班呀？
>
> 李小姐：我今日加班。
>
> 黃小姐：你加班到幾多點呀？
>
> 李小姐：我加班到十點。
>
> 黃小姐：我今晚去食宵夜，你去唔去食宵夜呀？
>
> 李小姐：我去。

① 지금은 몇 시인가요?

➡ _____ 。

② 미스 리는 오늘 야근을 하나요?

➡ _____ 。

③ 미스 리는 몇 시까지 야근을 할 예정인가요?

➡ _____ 。

④ 미스 황은 야식을 먹으러 갈 예정인가요?

➡ _____ 。

⑤ 미스 리도 야식을 먹으러 갈 예정인가요?

➡ _____ 。

5 녹음을 듣고 빈칸에 알맞은 정답을 써 넣고, 우리말로 해석해 보세요.

Track 1-11

(1) Gam¹ yat⁶ hai⁶   yüt⁶   hou⁶.

➡ _____ .

(2) Yi⁴ ga¹ hai⁶   dim²   fan¹.

➡ _____ .

(3) Ngo⁵ mui⁵ zhiu¹   hei² san¹, mui⁵ maan⁵   fan³ gaau³.

➡ _____ .

(4) Ngo⁵ mui⁵ zhiu¹   faan¹ gung¹,   fong³ gung¹.

➡ _____ .

(5) Chiu¹ kap¹ si⁵ chöng⁴   hoi¹ pou³,   saan¹ pou³.

➡ _____ .

Lesson 2

Ngo⁵ maai⁵ san¹ sau² doi² bei² taai³ taai²

我 買 新 手 袋 俾 太 太。

저는 아내에게 새 가방을 사 줘요.

단어 알아보GO!

Track 2-01

	광둥어	중국어	영어	한국어
1	bei² 俾	gěi 给	Give	⑧ 주다 ⑦ ~에게
2	zhök³ 着	chuān 穿	Wear	⑧ 입다
3	lo² 攞	ná 拿	Take	⑧ 가져가다, (손으로) 잡다
4	si³ 試	shì 试	Try	⑧ 시도하다
5	töü¹ 推	tuī 推	Push	⑧ 밀다
6	laai¹ 拉	lā 拉	Pull	⑧ 당기다
7	ngaam¹ 啱	duì / hé 对 / 合	Correct / match	⑲ 맞다, 옳다
8	cho³ 錯	cuò 错	Wrong	⑲ 틀리다

	광둥어	중국어	영어	한국어
9	gwui⁶ 劫(瘉)	lèi 累	Tired	휑 피곤하다
10	leng³ 靚	piào liang / měi 漂亮 / 美	Beautiful / pretty	휑 예쁘다
11	daai⁶ 大	dà 大	Big	휑 크다
12	sai³ 細	xiǎo 小	Small	휑 작다
13	do¹ 多	duō 多	Many / much	휑 많다
14	siu² 少	shǎo 少	Few / little	휑 적다
15	san¹ 新	xīn 新	New	휑 새롭다
16	gau⁶ 舊	jiù 旧	Old	휑 오래되다, 낡다
17	naan⁴ 難	nán 难	Hard / difficult	휑 어렵다
18	yung⁴ yi⁶ / yi⁶ / gaan² daan¹ 容易 / 易 / 簡單	róng yì / yì / jiǎn dān 容易 / 易 / 简单	Easy / simple	휑 쉽다
19	gou¹ 高	gāo 高	High / tall	휑 높다, (키가) 크다
20	ai² 矮	ǎi 矮	Short(height)	휑 낮다, (키가) 작다
21	chöng⁴ 長	cháng 长	Long	휑 길다
22	dün² 短	duǎn 短	Short(length)	휑 짧다

	광둥어	중국어	영어	한국어
23	yün⁵ 遠	yuǎn 远	Far	(형) 멀다
24	kan⁵ 近	jìn 近	Near	(형) 가깝다
25	hou² 好	hǎo 好	Good	(형) 좋다
26	söü¹ / cha¹ 衰 / 差	huài / chà 坏 / 差	Bad	(형) 나쁘다
27	gwai³ 貴	guì 贵	Expensive	(형) 비싸다
28	peng⁴ 平	pián yi 便宜	Cheap	(형) 싸다
29	naam⁴ zhong¹ 男裝	nán zhuāng 男装	Men's wear	(명) 남성복
30	nöü⁵ zhong¹ 女裝	nǚ zhuāng 女装	Women's wear	(명) 여성복
31	tung⁴ zhong¹ 童裝	tóng zhuāng 童装	Children's wear	(명) 아동복
32	dak¹ yi³ 得意	kě ài 可爱	Cute	(형) 귀엽다
33	dak⁶ ga³ 特價	tè jià 特价	Special price / on sale	(명) 특가
34	san¹ fun² 新款	xīn kuǎn 新款	New product	(명) 신제품, 신상
35	fo³ / söng¹ ban² 貨 / 商品	huò / shāng pǐn 货 / 商品	Goods / product	(명) 물건, 상품
36	saam¹ 衫	yī fu 衣服	A piece of clothing e.g. T-shirt, blouse	(명) 옷

	광둥어	중국어	영어	한국어
37	fu³ 褲	kù zi 裤子	Trousers / shorts	몡 바지
38	haai⁴ 鞋	xié zi 鞋子	Shoes	몡 신발
39	kwan⁴ 裙	qún zi 裙子	Dress / skirt	몡 치마
40	taai¹ 呔	lǐng dài 领带	Tie	몡 넥타이
41	ngoi⁶ tou³ 外套	wài tào 外套	Jacket / coat	몡 외투, 코트
42	sau² doi² 手袋	bāo 包	Handbag	몡 (손)가방
43	la³ 喇	la 啦	Discourse markers: (Tone to emphasize)	조 강조의 어기를 나타냄
44	a¹ 吖	a 啊	Discourse markers: (Suggestion / request)	조 제안이나 요청의 어기를 나타냄
45	hou² 好	hǎo / hěn 好 / 很	Very	부 엄청, 매우
46	zhung¹ yi³ 鍾意	xǐ huan 喜欢	Like	동 좋아하다

yün⁵
遠
yuǎn
远
Far
멀다

kan⁵
近
jìn
近
Near
가깝다

gwai³
貴
guì
贵
Expensive
비싸다

peng⁴
平
pián yi
便宜
Cheap
싸다

ngaam¹
啱
duì / hé
对 / 合
Correct / match
맞다, 옳다

cho³
錯
cuò
错
Wrong
틀리다

naan⁴
難
nán
难
Hard / difficult
어렵다

yung⁴ yi⁶ / yi⁶ /
gaan² daan¹
容易 / 易 / 簡單
róng yì / yì / jiǎn dān
容易 / 易 / 简单
Easy / simple
쉽다

do¹
多
duō
多
Many / much
많다

siu²
少
shǎo
少
Few / little
적다

san¹
新
xīn
新
New
새롭다

gau⁶
舊
jiù
旧
Old
오래되다, 낡다

chöng⁴
長
cháng
长
Long
길다

dün²
短
duǎn
短
Short(length)
짧다

gou¹
高
gāo
高
High / tall
높다, (키가) 크다

ai²
矮
ǎi
矮
Short(height)
낮다, (키가) 작다

daai⁶
大
dà
大
Big
크다

sai³
細
xiǎo
小
Small
작다

정도부사

di¹ / siu² siu²
啲 / 少少
yì diǎnr
一点儿
A little
조금

gei²
幾
tǐng / mán
挺 / 蛮
Quite
아주, 꽤

hou²
好
hǎo / hěn
好 / 很
Very
엄청, 매우

dak⁶ bit⁶
特別
tè bié
特别
Exceptionally
특히, 아주

fei¹ söng⁴
非常
fēi cháng
非常
Extraordinarily
대단히, 매우

taai³
太
tài
太
Too
너무

zhöü³
最
zuì
最
Most
제일, 가장

sau² doi²
手袋
bāo
包
Handbag
(손)가방

taai¹
呔
lǐng dài
领带
Tie
넥타이

haai⁴
鞋
xié zi
鞋子
Shoes
신발

fu³
褲
kù zi
裤子
Trousers / shorts
바지

saam¹
衫
yī fu
衣服
A piece of clothing
e.g. T-shirt, blouse
옷

ngoi⁶ tou³
外套
wài tào
外套
Jacket / coat
외투, 코트

kwan⁴
裙
qún zi
裙子
Dress / skirt
치마

tung⁴ zhong¹
童裝
tóng zhuāng
童裝
Children's wear
아동복

naam⁴ zhong¹
男裝
nán zhuāng
男裝
Men's wear
남성복

nöü⁵ zhong¹
女裝
nǚ zhuāng
女裝
Women's wear
여성복

tim⁴
甜
tián
甜
Sweet
달다

sün¹
酸
suān
酸
Sour
시다

fu²
苦
kǔ
苦
Bitter
쓰다

laat⁶
辣
là
辣
Spicy
맵다

Lesson 2

haam⁴
鹹
xián
咸
Salty
짜다

nung⁴
濃
nóng
浓
Strong
진하다

taam⁵
淡
dàn
淡
Bland
싱겁다, 연하다

hou² sik⁶ / hou² mei⁶
好食 / 好味
hǎo chī
好吃
Delicious(food)
맛있다(음식)

hou² yam²
好飲
hǎo hē
好喝
Tasty(drinks)
맛있다(음료)

hou² waan²
好玩
hǎo wán
好玩
Fun
재미있다

hou² tai²
好睇
hǎo kàn
好看
Interesting
(Book / movie / TV)
재미있다(책, 영화, TV)

hou² fan³
好瞓
shuì de hǎo
睡得好
sleep well
잘 자다

hou² zhök³
好着
chuān zhe shū fu
穿着舒服
Comfortable to wear
편하다(착용감)

ga¹ daai⁶ ma⁵	daai⁶ ma⁵	zhung¹ ma⁵	sai³ ma⁵	ga¹ sai³ ma⁵
加大碼	大碼	中碼	細碼	加細碼
jiā dà hào	dà hào	zhōng hào	xiǎo hào	jiā xiǎo hào
加大号	大号	中号	小号	加小号
XL size	L size	M size	S size	XS size
(Extra large size)	(Large size)	(Medium size)	(Small size)	(Extra small size)
XL 사이즈	L 사이즈	M 사이즈	S 사이즈	XS 사이즈

컬러

sam¹ sik¹	chin² sik¹	(ngaan⁴) sik¹	hung⁴ sik¹
深色	淺色	(顏)色	紅色
shēn sè	qiǎn sè	yán sè	hóng sè
深色	浅色	颜色	红色
Dark colours	Light colours	Colour	Red
진한 색	연한 색	색깔	빨간색

laam⁴ sik¹
藍色
lán sè
蓝色
Blue
파란색

wong⁴ sik¹
黃色
huáng sè
黄色
Yellow
노란색

chaang² sik¹
橙色
chéng sè
橙色
Orange
주황색

luk⁶ sik¹
綠色
lǜ sè
绿色
Green
초록색

cheng¹ sik¹
青色
qīng sè
青色
Lime green
연두색

zhi² sik¹
紫色
zǐ sè
紫色
Purple
보라색

hak¹ sik¹
黑色
hēi sè
黑色
Black
검은색

baak⁶ sik¹
白色
bái sè
白色
White
하얀색

fui¹ sik¹
灰色
huī sè
灰色
Gray
회색

fe¹ sik¹
啡色
kā fēi sè
咖啡色
Brown
갈색

gam¹ sik¹
金色
jīn sè
金色
Gold
금색

ngan⁴ sik¹
銀色
yín sè
银色
Silver
은색

	광둥어	중국어
1	Leng³ zhai² 靚仔	Shuài gē 帅哥
2	Leng³ nöü² 靚女	Měi nǚ 美女
3	Hou² zheng³! 好正!	Chāo zàn! 超赞!
4	M⁴ cho³ bo³! 唔錯嘛!	Bú cuò o! 不错哦!
5	Maai⁵ yat¹ sung³ yat¹ 買一送一	Mǎi yī sòng yī 买一送一
6	Nei⁵ leng³ zho² hou² do¹! 你靚咗好多!	Nǐ piào liang le hǎo duō! 你漂亮了好多!
7	Ni¹ go³ dim² yöng² a³? 呢個點樣呀?	Zhè ge zěn me yàng? 这个怎么样?

영어	한국어
Handsome man	미남, 잘생긴 남자
Pretty women	미녀, 미인
Very cool!	대박이야!
Not bad!	괜찮은데요!
Buy one get one free	원 플러스 원 (하나를 사면 하나를 더 주다)
You have become much more beautiful!	많이 예뻐지셨네요!
How about this?	이것은 어때요?

	광둥어	중국어
8	Bin¹ go³ hou² di¹ a³? 邊個好啲呀? * '啲'는 정도부사 외에 비교문에도 쓰일 수 있습니다.	Nǎ ge hǎo yì diǎnr? 哪个好一点儿?
9	Zhöü³ peng⁴ gei² chin² a³? 最平幾錢呀?	Zuì pián yi duō shao qián? 最便宜多少钱?
10	Yau⁵ mou⁵ san¹ ge³ a³? 有冇新嘅呀?	Yǒu méi yǒu xīn de? 有没有新的?
11	Yau⁵ mou⁵ kei⁴ ta¹ ngaan⁴ sik¹ a³? 有冇其他顏色呀?	Yǒu méi yǒu qí tā yán sè? 有没有其他颜色?
12	Bei² ngo⁵ si³ ha⁵ a¹. 俾我試吓吖。 * '吓'는 '한번 ~하다, 좀 ~하다'라는 의미입니다.	Ràng wǒ shì yí xià. 让我试一下。
13	Ngo⁵ dou¹ söng² maai⁵ yat¹ go³. 我都想買一個。	Wǒ yě xiǎng mǎi yí ge. 我也想买一个。
14	Bei² go² go³ ngo⁵ tai² ha⁵ a¹. 俾嗰個我睇吓吖。	Gěi wǒ kàn yí xià nà ge. 给我看一下那个。

Which one is better?　　　　　어떤 것이 조금 더 나아요?

What is its cheapest price?　　가장 싼 것은 얼마예요?

Do you have a new one?　　　새것 있나요?

Do you have other colours?　　다른 색상 있나요?

Let me try it on.　　　　　　한번 입어 볼게요.

I'd like to buy one too.　　　저도 하나 사고 싶어요.

May I take a look at that?　　저것 좀 한번 보여 주세요.

Track 2-03

① 정도부사를 포함한 긍정문: 주어 + **정도부사** + 형용사

광둥어	중국어
1	Ngo⁵ hou² gwui⁶. 我好攰。	Wǒ hǎo lèi. 我好累。
2	Nei⁵ gei² gou¹. 你幾高。	Nǐ tǐng gāo. 你挺高。
3	Ni¹ döü³ haai⁴ taai³ daai⁶. 呢對鞋太大。	Zhè shuāng xié tài dà. 这双鞋太大。

② 정도부사를 포함한 부정문: 주어 + **唔係**(~하지 않다) + **정도부사** + 형용사

광둥어	중국어
1	Köü⁵ m⁴ hai⁶ hou² ai². 佢唔係好矮。	Tā / Tā bú shì hěn ǎi. 他 / 她不是很矮。
2	Ni¹ gin⁶ ngoi⁶ tou³ m⁴ hai⁶ hou² gwai³. 呢件外套唔係好貴。	Zhè jiàn wài tào bú shì hěn guì. 这件外套不是很贵。
3	Ni¹ go³ doi² m⁴ hai⁶ zhöü³ peng⁴. 呢個袋唔係最平。	Zhè ge bāo bú shì zuì pián yi. 这个包不是最便宜。

54 GO! 독학 광둥어 두걸음

영어	한국어
I am very tired.	저는 엄청 피곤해요.
You are quite tall.	당신은 키가 아주 커요.
This pair of shoes is too big.	이 신발은 너무 커요.

영어	한국어
He / She is not very short.	그/그녀는 키가 엄청 작지 않아요.
This coat is not very expenive.	이 외투는 엄청 비싸지 않아요.
This bag is not the cheapest.	이 가방은 제일 싸지 않아요.

정반의문문: 주어 + 형용사 + 唔(~이 아니다) + 형용사 + 㗎?

	광둥어	중국어
1	Nei⁵ tiu⁴ kwan⁴ gwai³ m⁴ gwai³ ga³? 你條裙貴唔貴㗎?	Nǐ de qún zi guì bu guì? 你的裙子贵不贵?
2	Ni¹ tiu⁴ fu³ chöng⁴ m⁴ chöng⁴ ga³? 呢條褲長唔長㗎?	Zhè tiáo kù zi cháng bu cháng? 这条裤子长不长?
3	Go² tiu⁴ taai¹ peng⁴ m⁴ peng⁴ ga³? 嗰條呔平唔平㗎?	Nà tiáo lǐng dài pián bu pián yi? 那条领带便不便宜?

④ 俾가 동사로 쓰일 때: 주어 + 俾(~에게 ~을 주다) + 수량사 + 형용사 + 嘅(~의) + 목적어

	광둥어	중국어
1	Ngo⁵ bei² zhöng¹ san¹ ge³ (zhi²) nei⁵. 我俾張新嘅(紙)你。	Wǒ gěi nǐ yì zhāng xīn de zhǐ. 我给你一张新的纸。
2	Nei⁵ bei² döü³ sai³ ge³ (haai⁴) köü⁵. 你俾對細嘅(鞋)佢。	Nǐ gěi tā yì shuāng xiǎo hào de xié. 你给她一双小号的鞋。
3	Köü⁵ bei² wun² daai⁶ ge³ (min⁶) ngo⁵. 佢俾碗大嘅(麵)我。	Tā gěi wǒ yí dà wǎn miàn. 他给我一大碗面。

Tip

* '嘅'는 형용사와 명사를 이어주는 역할을 하거나 소유를 나타냅니다.
  예) 好味嘅蛋糕 맛있는 케이크
  　　我嘅手袋 나의 가방

영어	한국어
Is your skirt expensive?	당신의 치마는 비싼가요?
Are these trousers long?	이 바지는 긴가요?
Is that tie cheap?	저 넥타이는 싼가요?

영어	한국어
I give you a new piece of paper.	제가 새 종이 한 장을 당신에게 드릴게요.
You give her a small pair of shoes.	당신이 작은 사이즈 신발 한 켤레를 그녀에게 주세요.
He gave me a big bowl of noodles.	그가 국수 한 사발을 저에게 주었어요.

광둥어	중국어
1 Ngo⁵ maai⁵ go³ doi² bei² nei⁵. 我買個袋俾你。	Wǒ gěi nǐ mǎi ge bāo. 我给你买个包。
2 Chan⁴ sin¹ saang¹ maai⁵ zhek³ sau² biu¹ bei² köü⁵ taai³ taai². 陳先生買隻手錶俾佢太太。	Chén xiān sheng gěi tā tài tai mǎi yí kuài shǒu biǎo. 陈先生给他太太买一块手表。
3 Köü⁵ maai⁵ di¹ wun⁶ göü⁶ bei² köü⁵ sai³ mui². 佢買啲玩具俾佢細妹。	Tā gěi tā mèi mei mǎi wán jù. 她给她妹妹买玩具。

광둥어	중국어
1 Bei² ngo⁵ si³ ha⁵ a¹. 俾我試吓吖。	Ràng wǒ shì yí xià. 让我试一下。
2 Bei² köü⁵ yam² ha⁵ a¹. 俾佢飲吓吖。	Ràng tā hē yí xià. 让他喝一下。
3 Bei² köü⁵ dei⁶ teng¹ ha⁵ a¹. 俾佢哋聽吓吖。	Ràng tā / tā men tīng yí xià. 让他 / 她们听一下。

영어	한국어
I buy a handbag for you.	제가 당신에게 가방을 사 드릴게요.
Mr. Chan buys a watch for his wife.	진 선생님은 그의 아내에게 손목시계를 사 줘요.
She buys some toys for her younger sister.	그녀는 그녀의 여동생에게 장난감을 사 줘요.

영어	한국어
Let me try.	제가 한번 해 볼게요.
Let him drink.	그에게 한번 마시라고 해요.
Let them listen.	그들/그녀들에게 한번 들려주세요.

	광둥어	중국어
1	Ni¹ gin⁶ fo³ peng⁴ zho². 呢件貨平咗。	Zhè jiàn huò pǐn pián yi le. 这件货品便宜了。
2	Köü⁵ leng³ zho². 佢靚咗。	Tā piào liang le. 她漂亮了。
3	Nei⁵ tiu⁴ kwan⁴ gau⁶ zho². 你條裙舊咗。	Nǐ de qún zi jiù le. 你的裙子旧了。

	광둥어	중국어
1	Nei⁵ gou¹ zho² hou² do¹. 你高咗好多。	Nǐ gāo le hǎo duō. 你高了好多。
2	Köü⁵ zhek³ sau² biu¹ faai³ zho² hou² do¹. 佢隻手錶快咗好多。	Tā de biǎo kuài le hǎo duō. 他的表快了好多。
3	Ni¹ gaan¹ chaan¹ teng¹ cha¹ zho² hou² do¹. 呢間餐廳差咗好多。	Zhè jiān cān tīng chà le hǎo duō. 这间餐厅差了好多。

영어	한국어
This product has become cheaper.	이 제품은 싸졌어요.
She has become more beautiful.	그녀는 예뻐졌어요.
Your skirt is worn out.	당신의 치마는 낡았어요.

영어	한국어
You have become much taller.	당신은 키가 많이 컸어요.
His watch has run much faster.	그의 손목시계는 많이 빨라졌어요.
This restaurant has become much worse.	이 식당은 훨씬 나빠졌어요.

	광둥어
1	Ni¹ go³ hou² gwai³. 呢個好貴。 Yau⁵ mou⁵ peng⁴ di¹ ga³? 有冇平啲㗎？
2	Ni¹ gin⁶ hai⁶ daai⁶ ma⁵ (ge³) saam¹. 呢件係大碼(嘅)衫。 Yau⁵ mou⁵ ga¹ daai⁶ ma⁵ ga³? 有冇加大碼㗎？
3	Ni¹ gin⁶ ngoi⁶ tou³ taai³ daai⁶ la³. 呢件外套太大喇。 Ngo⁵ maai⁵ sai³ di¹ ge³. 我買細啲嘅。
4	San¹ fun² ge³ haai⁴ hou² leng³. 新款嘅鞋好靚。 Zhöü³ leng³ (ge³) hai⁶ gam¹ sik¹ (ge³ haai⁴). 最靚(嘅)係金色(嘅鞋)。
5	Chaang² sik¹ (ge³) tung⁴ zhi² sik¹ (ge³), bin¹ go³ hou² di¹ a³? 橙色(嘅)同紫色(嘅)，邊個好啲呀？

중국어	한국어
Zhè ge hěn guì. 这个很贵。 Yǒu méi yǒu pián yi yì diǎnr de a? 有没有便宜一点儿的啊？	이것은 너무 비싸네요. 조금 더 싼 것 있나요?
Zhè jiàn shì dà hào de yī fu. 这件是大号的衣服。 Yǒu méi yǒu jiā dà hào de a? 有没有加大号的啊？	이 옷은 L 사이즈예요. XL 사이즈 있나요?
Zhè jiàn wài tào tài dà le. 这件外套太大了。 Wǒ mǎi xiǎo yì diǎnr de. 我买小一点儿的。	이 외투는 너무 커요. 저는 조금 작은 것으로 살래요.
Xīn kuǎn de xié hěn hǎo kàn. 新款的鞋很好看。 Zuì hǎo kàn de shì jīn sè de (xié). 最好看的是金色的(鞋)。	신상 신발이 엄청 예뻐요. 제일 예쁜 것은 금색 (신발)이에요.
Chéng sè de hé zǐ sè de, nǎ ge hǎo? 橙色的和紫色的，哪个好？	주황색이랑 보라색 중에 어떤 것이 마음에 들어요?

6	Ni^1 tiu^4 fu^3 taai^3 chöng^4 la^3. 呢條褲太長喇。 Bei^2 tiu^4 dün^2 di^1 ge^3 ngo^5 a^1. 俾條短啲嘅我吖。
7	Nei^5 pang^4 yau^5 tung^4 nei^5 hou^2 gou^1. 你朋友同你好高。 Bin^1 go^3 gou^1 di^1 a^3? 邊個高啲呀？
8	Ni^1 tiu^4 taai^1 hou^2 gau^6 la^3. 呢條呔好舊喇。 Maai^5 tiu^4 san^1 ge^3 bei^2 ngo^5 a^1. 買條新嘅俾我吖。
9	Taai^3 sam^1 sik^1 la^3. 太深色喇。 Bei^2 gin^6 chin^2 sik^1 di^1 ge^3 ngo^5 a^1. 俾件淺色啲嘅我吖。
10	Ni^1 tiu^4 kwan^4 hou^2 hou^2 zhök^3. 呢條裙好好着。 Bei^2 tiu^4 sai^3 ma^5 (ge^3) ngo^5 a^1. 俾條細碼(嘅)我吖。
11	Ni^1 gin^6 ngan^4 sik^1 (ge^3) ngoi^6 tou^3 hai^6 san^1 fun^2, gwai^3 m^4 gwai^3 ga^3? 呢件銀色(嘅)外套係新款，貴唔貴㗎？

중국어	한국어
Zhè tiáo kù zi tài cháng le. 这条裤子太长了。 Gěi wǒ tiáo duǎn yì diǎnr de. 给我条短一点儿的。	이 바지는 너무 길어요. 조금 짧은 것으로 주세요.
Nǐ hé nǐ péng you dōu hěn gāo. 你和你朋友都很高。 Nǎ ge gāo yì diǎnr ne? 哪个高一点儿呢？	당신 친구와 당신은 둘 다 키가 커요. 누가 조금 더 큰가요?
Zhè tiáo lǐng dài hěn jiù le. 这条领带很旧了。 Mǎi tiáo xīn de gěi wǒ ba. 买条新的给我吧。	이 넥타이는 엄청 낡았어요. 새것으로 하나 사 주세요.
Yán sè tài shēn le. 颜色太深了。 Gěi wǒ jiàn yán sè qiǎn yì diǎnr de. 给我件颜色浅一点儿的。	색이 너무 진해요. 조금 연한 색으로 주세요.
Zhè tiáo qún zi chuān zhe hěn shū fu. 这条裙子穿着很舒服。 Ná (yì) tiáo xiǎo hào de gěi wǒ. 拿(一)条小号的给我。	이 치마는 착용감이 좋아요. S 사이즈로 하나 주세요.
Zhè jiàn yín sè de wài tào shì xīn kuǎn, guì bu guì a? 这件银色的外套是新款，贵不贵啊？	이 은색 외투는 신상인데, 비싼가요?

12

Chöng⁴ (ge³) tung⁴ dün² (ge³) dou¹ gei² leng³.

長(嘅)同短(嘅)都幾靚。

Ngo⁵ löng⁵ tiu⁴ dou¹ maai⁵.

我兩條都買。

13

Yau⁵ hak¹ sik¹ (ge³) ngoi⁶ tou³ tung⁴ baak⁶ sik¹ (ge³) ngoi⁶ tou³.

有黑色(嘅)外套同白色(嘅)外套。

Löng⁵ gin⁶ dou¹ bei² ngo⁵ si³ ha⁵ a¹.

兩件都俾我試吓吖。

14

Cheng¹ sik¹ (ge³) hou² zheng³.

青色(嘅)好正。

Fui¹ sik¹ (ge³) dou¹ m⁴ cho³ bo³.

灰色(嘅)都唔錯㗎。

15

Ni¹ go³ daan⁶ gou¹ taai³ tim⁴, ngo⁵ m⁴ sik⁶.

呢個蛋糕太甜，我唔食。

16

Hou² noi⁶ mou⁵ gin³, nei⁵ leng³ zho² hou² do¹.

好耐冇見，你靚咗好多。

중국어	한국어
Cháng de duǎn de dōu tǐng piào liang. 长的短的都挺漂亮。 Wǒ liǎng tiáo dōu mǎi. 我两条都买。	긴 거나 짧은 거 모두 아주 예뻐요. 저는 두 개 다 살게요.
Yǒu hēi sè de wài tào hé bái sè de wài tào. 有黑色的外套和白色的外套。 Liǎng jiàn dōu gěi wǒ shì yí xià. 两件都给我试一下。	검은색 외투와 하얀색 외투가 있어요. 두 벌 다 입어 볼게요.
Qīng sè de hěn hǎo kàn. 青色的很好看。 Huī sè de yě bú cuò o. 灰色的也不错哦。	연두색이 엄청 예뻐요. 회색도 괜찮아요.
Zhè ge dàn gāo tài tián le, wǒ bù chī. 这个蛋糕太甜了，我不吃。	이 케이크는 너무 달아요. 저는 안 먹을래요.
Hǎo jiǔ bú jiàn, nǐ piào liang le hǎo duō. 好久不见，你漂亮了好多。	오랜만이에요. 많이 예뻐지셨네요.

광둥어

미스 림

Dang⁶ siu² zhe², hou² noi⁶ mou⁵ gin³, nei⁵ leng³ zho² hou² do¹.
鄧小姐，好耐冇見，你靚咗好多。

미스 덩

Lam⁴ siu² zhe², nei⁵ dou¹ hai⁶.
林小姐，你都係。

미스 림

Nei⁵ go³ sau² doi² hou² leng³, hai⁶ m⁴ hai⁶ san¹ fun² ga³?
你個手袋好靚，係唔係新款㗎？

미스 덩

Ni¹ go³ hai⁶ ngo⁵ cham⁴ yat⁶ maai⁵ ge³ sau² doi²,
呢個係我噚日買嘅手袋，

hai⁶ gam¹ nin² ge³ san¹ fun².
係今年嘅新款。

미스 림

Hai⁶ a⁴. Yau⁵ mou⁵ kei⁴ ta¹ ngaan⁴ sik¹ a³?
係呀。有冇其他顏色呀？

미스 덩

Yau⁵. Yau⁵ laam⁴ sik¹、chaang² sik¹、luk⁶ sik¹ tung⁴ maai⁴ gam¹ sik¹.
有。有藍色、橙色、綠色同埋金色。

미스 림

M⁴ cho³ bo³. Gwai³ m⁴ gwai³ ga³?
唔錯㗎。貴唔貴㗎？

미스 덩

Yat¹ go³ saam¹ baak³ man¹, m⁴ hai⁶ hou² gwai³.
一個三百蚊，唔係好貴。

미스 림

Hai⁶ a⁴. Ngo⁵ dou¹ söng² maai⁵ yat¹ go³.
係呀。我都想買一個。

중국어	한국어
Dèng xiǎo jie, hǎo jiǔ bú jiàn, nǐ piào liang le hǎo duō. 邓小姐，好久不见，你漂亮了好多。	미스 덩, 오랜만이에요. 많이 예뻐지셨네요.
Lín xiǎo jie, nǐ yě shì. 林小姐，你也是。	미스 림, 당신도요.
Nǐ de bāo hǎo piào liang, shì bu shì xīn kuǎn de a? 你的包好漂亮，是不是新款的啊？	당신 가방 엄청 예쁘네요. 신상이에요?
Zhè ge shì wǒ zuó tiān mǎi de bāo, 这个是我昨天买的包， shì jīn nián de xīn kuǎn. 是今年的新款。	이것은 제가 어제 산 가방이에요. 올해 나온 신상이에요.
Shì ma? Yǒu méi yǒu qí tā yán sè de? 是吗？有没有其他颜色的？	그래요? 다른 색상도 있나요?
Yǒu ya. Yǒu lán sè、chéng sè、lǜ sè hé jīn sè. 有呀。有蓝色、橙色、绿色和金色。	있어요. 파란색, 주황색, 초록색, 그리고 금색이 있어요.
Bú cuò o. Guì bu guì a? 不错哦。贵不贵啊？	괜찮네요. 비싼가요?
Yí ge sān bǎi kuài, bú shì hěn guì. 一个三百块，不是很贵。	하나에 300 달러예요. 많이 비싸지는 않아요.
Shì a. Wǒ yě xiǎng mǎi yí ge. 是啊。我也想买一个。	그렇네요. 저도 하나 사고 싶어요.

연습 문제 정답 p140

1 광둥어와 우리말 뜻을 바르게 연결해 보세요.

① 이것은 비싸요. •

② 이것은 비싸지 않아요. •

③ 이것은 가장 비싸요. •

④ 이것은 비싼가요, 비싸지 않은가요? •

⑤ 이것은 너무 비싸요. •

• ⓐ 呢件貴唔貴呀？

• ⓑ 呢件貴。

• ⓒ 呢件唔貴。

• ⓓ 呢件最貴。

• ⓔ 呢件太貴。

2 다음 제시된 발음을 보고 광둥어로 써 보세요.

> 예시 Ni¹ go³ doi² hai⁶ dak⁶ ga³.   이 가방은 세일 중이에요.
>
> ➡ 呢個袋係特價。

① Ni¹ gin⁶ saam¹ taai³ sai³.   이 옷은 너무 작아요.

➡ _____。

② Ni¹ tiu⁴ fu³ yau⁵ daai⁶ ma⁵ tung⁴ zhung¹ ma⁵.   이 바지는 L 사이즈랑 M 사이즈가 있어요.

➡ _____。

③ Ni¹ döü³ haai⁴ hou² gau⁶.   이 신발은 엄청 낡았어요.

➡ _____。

3 다음 문장을 우리말로 해석해 보세요.

> 예시 呢個袋係太貴。
>
> ➡ <u>이 가방은 너무 비싸요.</u>

(1) 呢件衫舊咗啲, 買一件新嘅俾我吖。

➡ _____ .

(2) 好耐冇見, 你靚咗好多。

➡ _____ .

(3) 呢杯咖啡太苦喇, 我唔飲。

➡ _____ .

4 다음 단어를 올바르게 배열하여 문장을 만들어 보세요.

> 예시 試 / 我 / 俾 / 吓吖   제가 한번 해 볼게요.
>
> ➡ <u>俾我試吓吖。</u>

(1) 呢 / 對 / 大 / 太 / 鞋   이 신발은 너무 커요.

➡ _____ 。

(2) 你 / 裙 / 條 / 㗎 / 貴唔貴   당신의 치마는 비싼가요?

➡ _____ ?

(3) 好多 / 你 / 高 / 咗   당신은 키가 많이 컸어요.

➡ _____ 。

5 다음 주어진 대화문을 읽고 질문에 광둥어로 답해 보세요.

陳小姐：林小姐，你件衫好靚，係唔係新款㗎？

林小姐：呢件衫係今年嘅新款。

陳小姐：係呀。有冇其他顏色㗎？

林小姐：有。有淺藍色、青色同埋淺黃色。我買嘅係淺藍色。

陳小姐：一件幾多錢呀？

林小姐：一件二百五十蚊。你買唔買一件呀？

陳小姐：我買。我買一件淺黃色嘅。

---

① 미스 림의 옷은 신상인가요?

➡ _____ 。

② 미스 림의 옷은 연한 파란색인가요?

➡ _____ 。

③ 이 옷은 다른 색상도 있나요?

➡ _____ 。

④ 이 옷은 얼마인가요?

➡ _____ 。

⑤ 미스 진도 한 벌 살 예정인가요?

➡ _____ 。

⑥ 미스 진은 연한 파란색을 살 예정인가요?

➡ _____ 。

6 녹음을 듣고 빈칸에 알맞은 정답을 써 넣고, 우리말로 해석해 보세요.

(1) Ni¹ tiu⁴ fu³ hou² ⬚⬚⬚⬚⬚⬚⬚ , yau⁵ mou⁵ ⬚⬚⬚⬚⬚⬚⬚ di¹ ga³?

➡ _____ ?

(2) Ni¹ gin⁶ saam¹ hou² ⬚⬚⬚⬚⬚⬚ , hai⁶ m⁴ hai⁶ ⬚⬚⬚⬚⬚⬚ ga³?

➡ _____ ?

(3) Ni¹ tiu⁴ taai¹ taai³ ⬚⬚⬚⬚⬚⬚ la³, bei² tiu⁴ ⬚⬚⬚⬚⬚⬚ ge³ ngo⁵ a¹.

➡ _____ .

(4) Ni¹ go³ sau² doi² yau⁵ ⬚⬚⬚⬚⬚ , luk⁶ sik¹ tung⁴ maai⁴ baak⁶ sik¹.

➡ _____ .

(5) Go² bun² zhaap⁶ zhi³ ⬚⬚⬚⬚⬚ zho² siu² siu², ngo⁵ m⁴ maai⁵.

➡ _____ .

Baak³ fo³ gung¹ si¹ hai² dei⁶ tit³ zhaam⁶ gaak³ lei⁴

百貨公司喺地鐵站隔離。

백화점은 지하철역 옆에 있어요.

단어 알아보GO!

Track 3-01

	광둥어	중국어	영어	한국어
1	hai² 喺	zài 在	Be / exist / be located	㉐ ~에서 ㉐ ~에 있다
2	gin³ 見	jiàn 见	See	㉐ 보다, 만나다
3	daai³ 帶	dài 带	Bring / take	㉐ (몸에) 지니다, 휴대하다
4	haang⁴ 行	zǒu 走	Walk / go	㉐ 걷다, 가다
5	ting⁴ 停	tíng 停	Stop	㉐ 멈추다
6	lok⁶ 落	xià 下	Get off	㉐ 내리다
7	gwo³ 過	guò 过	Cross	㉐ 넘다, 건너다
8	zhün³ (waan¹) 轉(彎)	guǎi (wān) 拐(弯)	Turn	㉐ 돌다, 꺾다
9	dung¹ (min⁶) 東(面)	dōng (miàn / bian) 东(面/边)	East	㉐ 동(쪽)

광둥어	중국어	영어	한국어
10 naam⁴ (min⁶) 南(面)	nán (miàn / bian) 南(面/边)	South	몡 남(쪽)
11 sai¹ (min⁶) 西(面)	xī (miàn / bian) 西(面/边)	West	몡 서(쪽)
12 bak¹ (min⁶) 北(面)	běi (miàn / bian) 北(面/边)	North	몡 북(쪽)
13 söng⁶ min⁶ / söng⁶ bin⁶ 上面 / 上便	shàng miàn / shàng bian 上面 / 上边	Up / on / above	몡 위(쪽)
14 ha⁶ min⁶ / ha⁶ bin⁶ 下面 / 下便	xià miàn / xià bian 下面 / 下边	Under / below	몡 아래(쪽)
15 chin⁴ min⁶ / chin⁴ bin⁶ 前面 / 前便	qián miàn / qián bian 前面 / 前边	In front of / ahead	몡 앞(쪽)
16 hau⁶ min⁶ / hau⁶ bin⁶ 後面 / 後便	hòu miàn / hòu bian 后面 / 后边	Behind / at the back	몡 뒤(쪽)
17 zho² (sau²) min⁶ 左(手)面 zho² (sau²) bin⁶ 左(手)便	zuǒ miàn 左面 zuǒ bian 左边	Left	몡 왼쪽
18 yau⁶ (sau²) min⁶ 右(手)面 yau⁶ (sau²) bin⁶ 右(手)便	yòu miàn 右面 yòu bian 右边	Right	몡 오른쪽
19 löü⁵ min⁶ / löü⁵ bin⁶ 裏面 / 裏便 yap⁶ min⁶ / yap⁶ bin⁶ 入面 / 入便	lǐ miàn 里面 lǐ bian 里边	Inside / in	몡 안(쪽)

Lesson 3

광둥어	중국어	영어	한국어
20 ngoi⁶ min⁶ / ngoi⁶ bin⁶ 外面 / 外便 chöt¹ min⁶ / chöt¹ bin⁶ 出面 / 出便	wài miàn 外面 wài bian 外边	Outside	똉 바깥(쪽)
21 zhak¹ bin¹ / gaak³ lei⁴ 側邊 / 隔離	páng biān / gé bì 旁边 / 隔壁	Alongside / beside / next to	똉 옆(쪽)
22 zhung¹ gaan¹ 中間	zhōng jiān 中间	In the middle / between	똉 중간, 가운데
23 döü³ min⁶ 對面	duì miàn 对面	Opposite side	똉 맞은편, 반대편
24 fu⁶ gan⁶ 附近	fù jìn 附近	Nearby / around / in the neighbourhood	똉 근처, 부근
25 yap⁶ hau² 入口	rù kǒu 入口	Entrance	똉 입구
26 chöt¹ hau² 出口	chū kǒu 出口	Exit	똉 출구
27 hei³ yün² 戲院	diàn yǐng yuàn 电影院	Cinema	똉 영화관
28 söng¹ chöng⁴ 商場	shāng chǎng 商场	Shopping mall	똉 쇼핑몰
29 yau⁴ zhaam⁶ 油站	jiā yóu zhàn 加油站	Gas station	똉 주유소
30 gei¹ chöng⁴ 機場	jī chǎng 机场	Airport	똉 공항
31 dei⁶ tit³ (zhaam⁶) 地鐵(站)	dì tiě (zhàn) 地铁(站)	MTR(station)	똉 지하철(역)
32 baan⁶ gung¹ sat¹ 辦公室	bàn gōng shì 办公室	Office	똉 사무실

	광둥어	중국어	영어	한국어
33	ging² chü⁵ / chaai¹ gwun² 警署 / 差館	jǐng chá jú 警察局	Police station	몧 경찰서
34	sai² sau² gaan¹ / chi³ so² 洗手間 / 厠所	xǐ shǒu jiān / cè suǒ 洗手间 / 厕所	Washroom	몧 화장실
35	man⁴ göü⁶ dim³ 文具店	wén jù diàn 文具店	Stationery shop	몧 문구점
36	sü¹ guk² 書局	shū diàn 书店	Bookstore	몧 서점
37	gwo³ ma⁵ lou⁶ 過馬路	guò mǎ lù 过马路	Cross the road	길을 건너다
38	zhik⁶ höü³ / zhik⁶ haang⁴ 直去 / 直行	zhí zǒu 直走	Go straight	앞으로 쭉 가다, 직진하다
39	dim² yöng² 點樣	zěn me / zěn me yàng 怎么 / 怎么样	How	때 어떻게
40	lau² 樓	lóu 楼	floor	몧 층
41	dei⁶ ha² 地下	yī lóu 一楼	Floor / ground floor	몧 1층
42	dei⁶ fu³ 地庫	dì xià 地下	Basement	몧 지하
43	ho² yi⁵ 可以	kě yǐ 可以	Can / may	조동 ~할 수 있다, ~해도 된다
44	yau⁴⋯⋯höü³⋯⋯ 由⋯⋯去⋯⋯	cóng⋯⋯qù⋯⋯ 从⋯⋯去⋯⋯	From⋯⋯to⋯⋯	~부터 ~까지 가다

1

gei¹ chöng⁴

機場

jī chǎng

机场

Airport

공항

2

hei³ yün²

戲院

diàn yǐng yuàn

电影院

Cinema

영화관

3

dei⁶ tit³ (zhaam⁶)

地鐵(站)

dì tiě (zhàn)

地铁(站)

MTR(station)

지하철(역)

4

dang¹ wai²

燈位

hóng lǜ dēng

红绿灯

Traffic light

신호등

5

ging² chü⁵ / chaai¹ gwun²

警署 / 差館

jǐng chá jú

警察局

Police station

경찰서

6

sai² sau² gaan¹ / chi³ so²

洗手間 / 廁所

xǐ shǒu jiān / cè suǒ

洗手間 / 廁所

Washroom

화장실

7

gwo³ ma⁵ lou⁶

過馬路

guò mǎ lù

过马路

Cross the road

길을 건너다

8

yau⁴ zhaam⁶

油站

jiā yóu zhàn

加油站

Gas station

주유소

9

yap⁶ hau²

入口

rù kǒu

入口

Entrance

입구

10

chöt¹ hau²

出口

chū kǒu

出口

Exit

출구

söng⁶ min⁶ / söng⁶ bin⁶
上面 / 上便
shàng miàn / shàng bian
上面 / 上边

Up / on / above

위(쪽)

ha⁶ min⁶ / ha⁶ bin⁶
下面 / 下便
xià miàn / xià bian
下面 / 下边

Under / below

아래(쪽)

chin⁴ min⁶ / chin⁴ bin⁶
前面 / 前便
qián miàn / qián bian
前面 / 前边

In front of / ahead

앞(쪽)

hau⁶ min⁶ / hau⁶ bin⁶
後面 / 後便
hòu miàn / hòu bian
后面 / 后边

Behind / at the back

뒤(쪽)

zho² (sau²) min⁶ / zho² (sau²) bin⁶
左(手)面 / 左(手)便
zuǒ miàn / zuǒ bian
左面 / 左边

Left

왼쪽

yau⁶ (sau²) min⁶ / yau⁶ (sau²) bin⁶
右(手)面 / 右(手)便
yòu miàn / yòu bian
右面 / 右边

Right

오른쪽

löü⁵ min⁶ / löü⁵ bin⁶ / yap⁶ min⁶ / yap⁶ bin⁶

裏面 / 裏便 / 入面 / 入便

lǐ miàn / lǐ bian

里面 / 里边

Inside / in

안(쪽)

ngoi⁶ min⁶ / ngoi⁶ bin⁶ / chöt¹ min⁶ / chöt¹ bin⁶

外面 / 外便 / 出面 / 出便

wài miàn / wài bian

外面 / 外边

Outside

바깥(쪽)

zhak¹ bin¹ / gaak³ lei⁴

側邊 / 隔離

páng biān / gé bì

旁边 / 隔壁

Alongside / beside / next to

옆(쪽)

zhung¹ gaan¹

中間

zhōng jiān

中间

In the middle / between

중간, 가운데

döü³ min⁶

對面

duì miàn

对面

Opposite side

맞은편, 반대편

흔히 볼 수 있는 장소 및 가게

Hang² dak¹ gei¹
肯德基
Kěn dé jī
肯德基
KFC
KFC

Hung⁴ ham³
fo² che¹ zhaam⁶
紅磡火車站
Hóng kàn
huǒ chē zhàn
红磡火车站
Hung Hom Station
헝홈 기차역

Höng¹ gong²
man⁴ fa³ zhung¹ sam¹
香港文化中心
Xiāng gǎng
wén huà zhōng xīn
香港文化中心
Hong Kong
Cultural Centre
홍콩 문화 센터

Wui⁶ zhin²
會展
Huì zhǎn
会展
Hong Kong Convention
and Exhibition Centre
홍콩 컨벤션 센터

Mak⁶ dong¹ lou⁴
麥當勞
Mài dāng láo
麦当劳
McDonald's
맥도날드

Bit¹ sing³ haak³
必勝客
Bì shèng kè
必胜客
Pizza Hut
피자헛

Gat¹ ye⁵ ga¹
吉野家
Jí yě jiā
吉野家
Yoshinoya
요시노야

Saan¹ deng²
山頂
Shān dǐng
山顶
The Peak
빅토리아 피크

Dik⁶ si⁶ nei⁴
迪士尼
Dí shì ní
迪士尼
Disneyland
디즈니랜드

Hoi² yöng⁴ gung¹ yün²
海洋公園
Hǎi yáng gōng yuán
海洋公园
Ocean Park
오션파크

Miu⁶ gaai¹
廟街
Miào jiē
庙街
Temple Street
템플 스트리트

Hung⁴ gwun²
紅館
Hóng guǎn
红馆
Hong Kong
Coliseum
콜리세움

Nöü⁵ yan² gaai¹
女人街
Nǚ rén jiē
女人街
Women's Street /
Tung Choi Street
우먼 스트리트

Ma⁵ chöng⁴
馬場
Mǎ chǎng
马场
Race Course
경마장

Bun³ dou² zhau² dim³
半島酒店
Bàn dǎo jiǔ diàn
半岛酒店
The Peninsula Hotel
페닌슐라 호텔

Tin¹ sing¹ ma⁵ tau⁴
天星碼頭
Tiān xīng mǎ tou
天星码头
Star Ferry Pier
스타페리 선착장

dang¹ wai²
燈位
hóng lǜ dēng
红绿灯
Traffic light
신호등

gaai¹ hau²
街口
lù kǒu
路口
Corner / block
길목, 갈림길

hang⁴ yan⁴ lou⁶
行人路
rén xíng dào
人行道
Pavement
인도

söü⁶ dou⁶
隧道
suì dào
隧道
Tunnel
터널

che³ lou²
斜路
xié pō
斜坡
Slope
비탈길

gam³ köü¹
禁區
jìn qū
禁区
Restricted zone
금지 구역

hang⁴ yan⁴ tin¹ kiu⁴
行人天橋
rén xíng tiān qiáo
人行天桥
Footbridge
육교

gou¹ chuk¹ gung¹ lou⁶
高速公路
gāo sù gōng lù
高速公路
Highway expressway
고속도로

광둥어	중국어

1

Hou² a³.

好呀。

Hǎo a.

好啊。

2

M⁴ sai² zhaau².

唔使找。

Bú yòng zhǎo le.

不用找了。

3

Ngo⁵ m⁴ sik¹ gong² Gwong² dung¹ wa².

我唔識講廣東話。

Wǒ bú huì shuō Guǎng dōng huà.

我不会说广东话。

4

M⁴ goi¹ gong² maan⁶ di¹.

唔該講慢啲。

Má fan nǐ shuō màn diǎn.

麻烦你说慢点。

5

Nei⁵ sik¹ m⁴ sik¹ gong² Ying¹ man²?

你識唔識講英文？

Nǐ huì shuō Yīng wén ma?

你会说英文吗？

6

Ni¹ dou⁶ fu⁶ gan⁶ yau⁵ di¹ me¹ chaan¹ teng¹ a³?

呢度附近有啲咩餐廳呀？

Zhè li fù jìn yǒu shén me cān tīng a?

这里附近有什么餐厅啊？

영어	한국어
That's fine.	좋아요.
Keep the change.	잔돈은 안 주셔도 돼요.
I do not speak Cantonese.	저는 광둥어를 할 줄 몰라요.
Could you speak more slowly?	죄송합니다만, 조금 천천히 얘기해 주세요.
Do you speak English?	당신은 영어 할 줄 아세요?
Is there any restaurant nearby?	여기 근처에 식당 있나요?

Lesson 3

	광둥어	중국어
7	Ni¹ dou⁶ zhau⁶ hai⁶ la³. 呢度就係喇。	Zhè li jiù shì le. 这里就是了。
8	Hai² bin¹ dou⁶ dang² a³? 喺邊度等呀？	Zài nǎ li děng a? 在哪里等啊？
9	Ngo⁵ dong⁶ sat¹ lou⁶. 我蕩失路。	Wǒ mí lù le. 我迷路了。
10	Ngo⁵ lau⁶ dai¹ zho² din⁶ wa² hai² chi³ so². 我漏低咗電話喺廁所。	Wǒ bǎ diàn huà là zài cè suǒ. 我把电话落在厕所。
11	Siu² sam¹ tai² che¹. 小心睇車。	Xiǎo xīn kàn chē. 小心看车。

Here it is.

바로 여기예요.

Where shall we meet?

어디에서 기다리나요?

I have got lost.

저는 길을 잃었어요.

I forgot my cell phone in the washroom.

휴대 전화를 화장실에 두고 왔어요.

Watch out for cars.

차 조심하세요.

① 존현문 喺: 주어 + 喺(~에 있다) + 목적어

	광둥어	중국어
1	Yau⁴ zhaam⁶ hai² ging² chü⁵ / chaai¹ gwun² gaak³ lei⁴. 油站喺警署/差館隔離。	Jiā yóu zhàn zài jǐng chá jú páng biān. 加油站在警察局旁边。
2	Sai² sau² gaan¹ hai² sü¹ guk² döü³ min⁶. 洗手間喺書局對面。	Xǐ shǒu jiān zài shū diàn duì miàn. 洗手间在书店对面。
3	Hei³ yün² hai² söng¹ chöng⁴ löu⁵ min⁶. 戲院喺商場裏面。	Diàn yǐng yuàn zài shāng chǎng lǐ miàn. 电影院在商场里面。

② 존현문 有: 주어 + 有(~이 있다) + 목적어

	광둥어	중국어
1	Ni¹ dou⁶ yau⁵ chaan¹ teng¹. 呢度有餐廳。	Zhè li yǒu cān tīng. 这里有餐厅。
2	Yau⁶ min⁶ yau⁵ yi¹ yün². 右面有醫院。	Yòu bian yǒu yī yuàn. 右边有医院。
3	Chin⁴ min⁶ yau⁵ hok⁶ haau⁶. 前面有學校。	Qián miàn yǒu xué xiào. 前面有学校。

영어	한국어
The gas station is next to the police station.	주유소는 경찰서 옆에 있어요.
The washroom is opposite the bookstore.	화장실은 서점 맞은편에 있어요.
The cinema is inside the shopping mall.	영화관은 쇼핑몰 안에 있어요.

영어	한국어
There is a restaurant here.	이곳에 식당이 있어요.
There is a hospital on the right.	오른쪽에 병원이 있어요.
There is a school ahead.	앞쪽에 학교가 있어요.

③ 존현문 **喺**의 부정형: 주어 + **唔喺**(~에 있지 않다) + 목적어

광둥어	중국어
1	Yap⁶ hau² m⁴ hai² ni¹ dou⁶. 入口唔喺呢度。	Rù kǒu bú zài zhè li / zhèr. 入口不在这里 / 这儿。
2	Gung¹ si¹ m⁴ hai² hau⁶ min⁶. 公司唔喺後面。	Gōng sī bú zài hòu miàn. 公司不在后面。
3	Gei¹ chöng⁴ m⁴ hai² dung¹ min⁶. 機場唔喺東面。	Jī chǎng bú zài dōng miàn. 机场不在东面。

④ 존현문 **冇**의 부정형: 주어 + **冇**(~이 없다) + 목적어

광둥어	중국어
1	Ni¹ dou⁶ mou⁵ hei³ yün². 呢度冇戲院。	Zhè bian méi yǒu diàn yǐng yuàn. 这边没有电影院。
2	Fu⁶ gan⁶ mou⁵ zhau² dim³. 附近冇酒店。	Fù jìn méi yǒu jiǔ diàn. 附近没有酒店。
3	Chöt¹ min⁶ mou⁵ bin⁶ lei⁶ dim³. 出面冇便利店。	Wài miàn méi yǒu biàn lì diàn. 外面没有便利店。

영어	한국어
The entrance is not here.	입구는 이곳에 있지 않아요.
The company is not at the back.	회사는 뒤쪽에 있지 않아요.
The airport is not in the east.	공항은 동쪽에 있지 않아요.

영어	한국어
There isn't any cinema here.	이곳에는 영화관이 없어요.
There isn't any hotel nearby.	근처에는 호텔이 없어요.
There isn't any convenience store outside.	바깥에는 편의점이 없어요.

존현문 **喺**의 의문형: 주어 + **喺唔喺**(~에 있나요, 있지 않나요?) + 목적어 + **呀**?

	광둥어	중국어
1	Chöt¹ hau² hai² m⁴ hai² ni¹ dou⁶ a³? 出口喺唔喺呢度呀?	Chū kǒu zài bu zài zhè li / zhèr? 出口在不在这里/这儿?
2	Ging² chü⁵ / chaai¹ gwun² hai² m⁴ hai² chöt¹ min⁶ a³? 警署/差館喺唔喺出面呀?	Jǐng chá jú zài bu zài wài miàn? 警察局在不在外面?
3	Dei⁶ tit³ zhaam⁶ hai² m⁴ hai² chin⁴ min⁶ a³? 地鐵站喺唔喺前面呀?	Dì tiě zhàn zài bu zài qián miàn? 地铁站在不在前面?

⑥ 존현문 **冇**의 의문형: 주어 + **有冇**(~이 있나요, 있지 않나요?) + 목적어 + **呀**?

	광둥어	중국어
1	Go² dou⁶ yau⁵ mou⁵ yau⁴ guk² a³? 嗰度有冇郵局呀?	Nà li yǒu méi yǒu yóu jú? 那里有没有邮局?
2	Fu⁶ gan⁶ yau⁵ mou⁵ faat³ ying⁴ nguk¹ a³? 附近有冇髮型屋呀?	Fù jìn yǒu méi yǒu lǐ fà diàn? 附近有没有理发店?
3	Chin⁴ min⁶ yau⁵ mou⁵ cha⁴ chaan¹ teng¹ a³? 前面有冇茶餐廳呀?	Qián miàn yǒu méi yǒu chá cān tīng? 前面有没有茶餐厅?

영어	한국어
Is the exit here?	출구는 여기에 있나요, 있지 않나요?
Is the police station outside?	경찰서는 밖에 있나요, 있지 않나요?
Is the MTR station ahead?	지하철역은 앞에 있나요, 있지 않나요?

영어	한국어
Any post office over there?	저기에 우체국이 있나요, 있지 않나요?
Any hair salon nearby?	근처에 이발소가 있나요, 있지 않나요?
Any Hong Kong style cafeteria ahead?	앞쪽에 찻집이 있나요, 있지 않나요?

⑦ 喺를 활용한 장소 의문문: 주어 + 喺(~에 있다) + 邊度(어디) + 呀?

	광둥어	중국어
1	Dei⁶ tit³ zhaam⁶ hai² bin¹ dou⁶ a³? 地鐵站喺邊度呀?	Dì tiě zhàn zài nǎ li / nǎr? 地铁站在哪里 / 哪儿?
2	Chiu¹ kap¹ si⁵ chöng⁴ hai² bin¹ dou⁶ a³? 超級市場喺邊度呀?	Chāo jí shì chǎng zài nǎ li / nǎr? 超级市场在哪里 / 哪儿?
3	Yau⁴ guk² hai² bin¹ dou⁶ a³? 郵局喺邊度呀?	Yóu jú zài nǎ li / nǎr? 邮局在哪里 / 哪儿?

⑧ 有를 활용한 장소 의문문: 邊度(어디) + 有(~이 있다) + 목적어 + 呀?

	광둥어	중국어
1	Bin¹ dou⁶ yau⁵ hei³ yün² a³? 邊度有戲院呀?	Nǎ li / nǎr yǒu diàn yǐng yuàn? 哪里/哪儿有电影院?
2	Bin¹ dou⁶ yau⁵ yau⁴ zhaam⁶ a³? 邊度有油站呀?	Nǎ li / nǎr yǒu jiā yóu zhàn? 哪里/哪儿有加油站?
3	Bin¹ dou⁶ yau⁵ sai² sau² gaan¹ a³? 邊度有洗手間呀?	Nǎ li / nǎr yǒu xǐ shǒu jiān? 哪里/哪儿有洗手间?

영어	한국어
Where is the MTR station?	지하철역은 어디에 있나요?
Where is the supermarket?	슈퍼마켓은 어디에 있나요?
Where is the post office?	우체국은 어디에 있나요?

영어	한국어
Where is the cinema?	어디에 영화관이 있나요?
Where is the gas station?	어디에 주유소가 있나요?
Where is the washroom?	어디에 화장실이 있나요?

광둥어
1	Sai² sau² gaan¹ hai² bin¹ dou⁶ a³? Ⓐ 洗手間喺邊度呀？ Sai² sau² gaan¹ hai² baak³ fo³ gung¹ si¹ ge³ sei³ lau². Ⓑ 洗手間喺百貨公司嘅四樓。
2	Höng¹ gong² man⁴ fa⁴ zhung¹ sam¹ hai² bin¹ dou⁶ a³? Ⓐ 香港文化中心喺邊度呀？ Hai² Tin¹ sing¹ ma⁵ tau⁴ fu⁶ gan⁶. Ⓑ 喺天星碼頭附近。
3	Hung⁴ gwun² hai² bin¹ dou⁶ a³? Ⓐ 紅館喺邊度呀？ Hai² Hung⁴ ham³ fo² che¹ zhaam⁶ gaak³ lei⁴. Ⓑ 喺紅磡火車站隔離。
4	Yau⁴ ni¹ dou⁶ dim² yöng² höü³ ngan⁴ hong⁴ a³? Ⓐ 由呢度點樣去銀行呀？ Yau⁴ ni¹ dou⁶ zhik⁶ höü³, gaai¹ hau² zhün³ yau⁶, Ⓑ 由呢度直去，街口轉右， Mak⁶ dong¹ lou⁴ döü³ min⁶ zhau⁶ hai⁶ la³. 麥當勞對面就係喇。
5	Dei⁶ tit³ zhaam⁶ hai² bin¹ dou⁶ a³? Ⓐ 地鐵站喺邊度呀？ Hai² ni¹ dou⁶ gwo³ ma⁵ lou⁶, zhün³ zho² zhik⁶ haang⁴, Ⓑ 喺呢度過馬路，轉左直行， chaai¹ gwun² gaak³ lei⁴ zhau⁶ hai⁶ la³. 差館隔離就係喇。

중국어	한국어
Xǐ shǒu jiān zài nǎ li / nǎr? Ⓐ 洗手间在哪里 / 哪儿？	Ⓐ 화장실은 어디에 있나요?
Xǐ shǒu jiān zài bǎi huò gōng sī de sì lóu. Ⓑ 洗手间在百货公司的四楼。	Ⓑ 화장실은 백화점 4층에 있어요.
Xiāng gǎng wén huà zhōng xīn zài nǎ li? Ⓐ 香港文化中心在哪里？	Ⓐ 홍콩 문화 센터는 어디에 있나요?
Zài Tiān xīng mǎ tou fù jìn. Ⓑ 在天星码头附近。	Ⓑ 스타페리 선착장 근처에 있어요.
Hóng guǎn zài nǎ li / nǎr? Ⓐ 红馆在哪里 / 哪儿？	Ⓐ 콜리세움은 어디에 있나요?
Zài Hóng kàn huǒ chē zhàn páng biān. Ⓑ 在红磡火车站旁边。	Ⓑ 헝홈 기차역 옆에 있어요.
Cóng zhè li / zhèr zěn me qù yín háng? Ⓐ 从这里 / 这儿怎么去银行？	Ⓐ 여기에서 은행은 어떻게 가나요?
Cóng zhè li / zhèr zhí zǒu, dào lù kǒu yòu guǎi, Ⓑ 从这里 / 这儿直走，到路口右拐， jiù zài Mài dāng láo duì miàn. 就在麦当劳对面。	Ⓑ 여기에서 쭉 직진한 다음, 길목에서 우회전 하면 바로 맥도날드 맞은편에 있어요.
Dì tiě zhàn zài nǎ li / nǎr? Ⓐ 地铁站在哪里 / 哪儿？	Ⓐ 지하철역은 어디에 있나요?
Cóng zhè li / zhèr guò mǎ lù, zuǒ guǎi zhí zǒu, Ⓑ 从这里 / 这儿过马路，左拐直走， jiù zài jǐng chá jú zài páng biān. 就在警察局旁边。	Ⓑ 여기에서 길을 건넌 후, 좌회전해서 쭉 직진 하면 바로 경찰서 옆에 있어요.

6

Ⓐ Go² bin⁶ yau⁵ mou⁵ dei⁶ tit³ höü³ gei¹ chöng⁴ a³?
嗰便有冇地鐵去機場呀？

Ⓑ Yau⁵ a³. Hai² dang¹ wai² zhün³ yau⁶,
有呀。喺燈位轉右，

zhau² dim³ ge³ zho² sau² bin⁶ zhau⁶ hai⁶ la³.
酒店嘅左手便就係喇。

7

Ⓐ Nei⁵ ge³ baan⁶ gung¹ sat¹ dim² höü³ a³?
你嘅辦公室點去呀？

Ⓑ Wui⁶ zhin² döü³ min⁶ yau⁵ gaan¹ zhau² dim³,
會展對面有間酒店，

go² gaan¹ zhau² dim³ ge³ gaak³ lei⁴ zhau⁶ hai⁶ la³.
嗰間酒店嘅隔離就係喇。

8

Ⓐ Saan¹ deng² söng⁶ min⁶ yau⁵ mou⁵ sü¹ guk² a³?
山頂上面有冇書局呀？

Ⓑ Yau⁵ a³. Saan¹ deng² söng⁶ min⁶ yau⁵ söng¹ chöng⁴,
有呀。山頂上面有商場，

yap⁶ min⁶ yau⁵ sü¹ guk².
入面有書局。

9

Ⓐ Hoi² yöng⁴ gung¹ yün² yap⁶ min⁶ yau⁵ mou⁵ yau⁴ guk² a³?
海洋公園入面有冇郵局呀？

Ⓑ Hoi² yöng⁴ gung¹ yün² yap⁶ min⁶ mou⁵.
海洋公園入面冇。

Chöt¹ bin⁶ sin¹ yau⁵.
出便先有。

중국어	한국어
Nà bian yǒu méi yǒu qù jī chǎng de dì tiě? Ⓐ 那边有没有去机场的地铁？ Yǒu a. Zài hóng lǜ dēng yòu guǎi, Ⓑ 有啊。在红绿灯右拐， jiǔ diàn de zuǒ shǒu bian jiù shì le. 酒店的左手边就是了。	Ⓐ 저쪽에는 공항으로 가는 지하철이 있나요? Ⓑ 있어요. 신호등에서 우회전하면 바로 호텔 왼쪽에 있어요.
Zěn me qù nǐ de bàn gōng shì? Ⓐ 怎么去你的办公室？ Huì zhǎn duì miàn yǒu jiān jiǔ diàn, Ⓑ 会展对面有间酒店， nà jiān jiǔ diàn de gé bì jiù shì le. 那间酒店的隔壁就是了。	Ⓐ 당신의 사무실은 어떻게 가나요? Ⓑ 컨벤션 센터 맞은편에 호텔이 있는데, 그 호텔 바로 옆이에요.
Shān dǐng shàng miàn yǒu méi yǒu shū diàn? Ⓐ 山顶上面有没有书店？ Yǒu a. Shān dǐng shàng miàn yǒu ge shāng chǎng, Ⓑ 有啊。山顶上面有个商场， lǐ miàn jiù yǒu shū diàn. 里面就有书店。	Ⓐ 빅토리아 피크에 서점이 있나요? Ⓑ 있어요. 빅토리아 피크에 쇼핑몰이 하나 있는데, 안에 바로 서점이 있어요.
Hǎi yáng gōng yuán lǐ miàn yǒu méi yǒu yóu jú? Ⓐ 海洋公园里面有没有邮局？ Hǎi yáng gōng yuán lǐ miàn méi yǒu. Ⓑ 海洋公园里面没有。 Wài miàn cái yǒu. 外面才有。	Ⓐ 오션파크 안에 우체국이 있나요? Ⓑ 오션파크 안에는 없어요. 밖에 있어요.

10

Yau⁴ ni¹ dou⁶ zhik⁶ haang⁴, gaai¹ hau² zhün³ zho².
由呢度直行，街口轉左。

Hang² dak¹ gei¹ tung⁴ maai⁴ Gat¹ ye⁵ ga¹ zhung¹ gaan¹
肯德基同埋吉野家中間

yau⁵ yat¹ gaan¹ yau⁴ zhaam⁶.
有一間油站。

11

Ngo⁵ nguk¹ kei² fu⁶ gan⁶ yau⁵ yat¹ gaan¹ Mak⁶ dong¹ lou⁴,
我屋企附近有一間麥當勞，

yat¹ gaan¹ Bit¹ sing³ haak³.
一間必勝客。

12

Ⓐ Yau⁴ ni¹ dou⁶ dim² yöng² höü³ dei⁶ tit³ zhaam⁶ a³?
由呢度點樣去地鐵站呀？

Ⓑ Yau⁶ bin⁶ zhik⁶ höü³, haang⁴ löng⁵ go³ gaai¹ hau²,
右便直去，行兩個街口，

sü¹ guk² (ge³) döü³ min⁶ zhau⁶ hai⁶ la³.
書局(嘅)對面就係喇。

13

Ⓐ M⁴ goi¹, dim² yöng² (haang⁴) gwo³ döü³ min⁶ a³?
唔該，點樣(行)過對面呀？

Ⓑ Chin⁴ min⁶ zhik⁶ hang⁴, Mak⁶ dong¹ lou⁴ (ge³) gaak³ lei⁴
前面直行，麥當勞(嘅)隔離

yau⁵ hang⁴ yan⁴ tin¹ kiu⁴ gwo³ döü³ min⁶.
有行人天橋過對面。

14

Ⓐ Ni¹ tiu⁴ söü⁶ dou⁶ höü³ bin¹ dou⁶ ga³?
呢條隧道去邊度㗎？

Ⓑ Höü³ Höng¹ gong² man⁴ fa³ zhung¹ sam¹.
去香港文化中心。

중국어	한국어
Cóng zhè li zhí zǒu, lù kǒu zuǒ guǎi. 从这里直走，路口左拐。	
Kěn dé jī hé Jí yě jiā de zhōng jiān 肯德基和吉野家的中间	여기에서 쭉 직진한 다음, 길목에서 좌회전하세요. KFC랑 요시노야 사이에 주유소가 하나 있어요.
yǒu yí ge jiā yóu zhàn. 有一个加油站。	
Wǒ jiā fù jìn yǒu yì jiā Mài dāng láo, 我家附近有一家麦当劳，	우리 집 근처에 맥도날드랑 피자헛이 하나 있어요.
yì jiā Bì shèng kè. 一家必胜客。	
Cóng zhè li zěn me qù dì tiě zhàn? Ⓐ 从这里怎么去地铁站？	Ⓐ 여기에서 지하철역까지 어떻게 가나요?
Yòu bian zhí zǒu, zǒu guò liǎng ge lù kǒu, Ⓑ 右边直走，走过两个路口，	Ⓑ 오른쪽으로 쭉 직진한 다음, 두 블록을 지나면, 바로 서점 맞은편에 있어요.
shū diàn de duì miàn jiù shì le. 书店的对面就是了。	
Bù hǎo yì si, qǐng wèn zěn me yàng guò duì miàn? Ⓐ 不好意思，请问怎么样过对面？	Ⓐ 실례합니다만, 맞은편으로 건너 가려면 어떻게 가나요?
Qián miàn zhí zǒu, Mài dāng láo de páng biān Ⓑ 前面直走，麦当劳的旁边	Ⓑ 앞으로 쭉 직진하면, 맥도날드 옆에 맞은편으로 건너가는 육교가 있어요.
yǒu rén xíng tiān qiáo guò duì miàn. 有人行天桥过对面。	
Zhè ge suì dào tōng qù nǎr? Ⓐ 这个隧道通去哪儿？	Ⓐ 이 터널은 어디로 통하나요?
Qù Xiāng gǎng wén huà zhōng xīn. Ⓑ 去香港文化中心。	Ⓑ 홍콩 문화 센터로 통합니다.

광둥어

미스 황

M⁴ hou² yi³ si³, ching² man⁶ bin¹ dou⁶ yau⁵ hei³ yün² a³?
唔好意思，請問邊度有戲院呀？

미스 진

Dei⁶ tit³ zhaam⁶ fu⁶ gan⁶ yau⁵ yat¹ gaan¹ (hei³ yün²).
地鐵站附近有一間(戲院)。

미스 황

Yau⁴ ni¹ dou⁶ dim² yöng² höü³ dei⁶ tit³ zhaam⁶ a³?
由呢度點樣去地鐵站呀？

미스 진

Zho² bin⁶ zhik⁶ höü³, haang⁴ löng⁵ go³ gaai¹ hau²,
左便直去，行兩個街口，

söng¹ chöng⁴ ge³ döü³ min⁶ zhau⁶ hai⁶ la³.
商場嘅對面就係喇。

미스 황

Gam², hai² dei⁶ tit³ zhaam⁶ dim² yöng² höü³ hei³ yün² a³?
噉，喺地鐵站點樣去戲院呀？

미스 진

Hai² dei⁶ tit³ zhaam⁶ chin⁴ min⁶ gwo³ ma⁵ lou⁶,
喺地鐵站前面過馬路，

zhik⁶ haang⁴ yat¹ go³ gaai¹ hau², go² dou⁶ zhau⁶ hai⁶ la³.
直行一個街口，嗰度就係喇。

미스 황

Hei³ yün² fu⁶ gan⁶ yau⁵ mou⁵ chaan¹ teng¹ a³?
戲院附近有冇餐廳呀？

미스 진

Yau⁵. Yau⁵ Bit¹ sing³ haak³ tung⁴ maai⁴ Gat¹ ye⁵ ga¹.
有。有必勝客同埋吉野家。

미스 황

Hai⁶ a⁴. M⁴ goi¹.
係呀。唔該。

중국어	한국어
Bù hǎo yì si, qǐng wèn nǎ li yǒu diàn yǐng yuàn? 不好意思，请问哪里有电影院？	실례합니다만, 영화관은 어디에 있나요?
Dì tiě zhàn fù jìn yǒu yì jiā (diàn yǐng yuàn). 地铁站附近有一家(电影院)。	지하철역 근처에 (영화관이) 하나 있어요.
Cóng zhè li zěn me qù dì tiě zhàn. 从这里怎么去地铁站？	여기에서 지하철역은 어떻게 가나요?
Zuǒ bian zhí zǒu, zǒu guò liǎng ge lù kǒu, 左边直走，走过两个路口， shāng chǎng de duì miàn yǒu dì tiě zhàn. 商场的对面有地铁站。	왼쪽으로 쭉 직진한 다음, 두 블록을 지나면, 바로 쇼핑몰 맞은편에 지하철역이 있어요.
Nà me, cóng dì tiě zhàn zěn me qù diàn yǐng yuàn ne? 那么，从地铁站怎么去电影院呢？	그러면 지하철역에서 영화관은 어떻게 가나요?
Cóng dì tiě zhàn qián miàn guò mǎ lù zhí zǒu, 从地铁站前面过马路直走， guò yí ge lù kǒu, nà li jiù shì le. 过一个路口，那里就是了。	지하철역 앞에서 찻길을 건너 쭉 직진한 다음, 한 블록만 지나면 바로예요.
Diàn yǐng yuàn fù jìn yǒu méi yǒu cān tīng? 电影院附近有没有餐厅？	영화관 근처에 식당이 있나요?
Yǒu. Yǒu Bì shèng kè hé Jí yě jiā. 有。有必胜客和吉野家。	있어요. 피자헛이랑 요시노야가 있어요.
Hǎo de. Xiè xie. 好的。谢谢。	네, 감사합니다.

연습 문제 정답 p142

1 그림을 보고 어떤 편의 시설이 몇 층에 위치해 있는지 광둥어로 알맞은 답을 써 보세요.

> **예시** 백화점 지하에는 입구가 있어요.
>
> ➡ <u>百貨公司嘅地庫有入口。</u>

(1) 지하 1층 왼쪽에는 지하철역이 있어요.

➡ _____。 (地鐵站)

(2) 지하 2층 왼쪽에는 슈퍼마켓이 있어요.

➡ _____。 (超級市場)

(3) 1층 왼쪽에는 남자 화장실이 있고, 오른쪽에는 여자 화장실이 있어요.

➡ _____。 (男洗手間, 女洗手間)

(4) 2층 오른쪽에는 카페가 있어요.

➡ _____。 (cafe)

2 약도를 보고 광둥어로 알맞은 답을 써 보세요.

예시   경찰서는 우체국 맞은편에 있어요.

    ➡ <u>差館喺郵局對面。</u>

① 병원은 회사 맞은편에 있어요.

    ➡ _____ 。 (對面)

② 백화점 뒤에 은행이 있어요.

    ➡ _____ 。 (後面)

③ 식당 옆에 호텔이 있어요.

    ➡ _____ 。 (隔離)

④ 회사와 식당 사이에 백화점이 있어요.

    ➡ _____ 。 (中間)

3 다음 제시된 발음을 보고 광둥어로 써 보세요.

> 예시 Ni¹ dou⁶ hai⁶ chaai¹ gwun².   이곳은 경찰서예요.
>
> ➡ <u>呢度係差館。</u>

(1) Zhau² dim³ hai² bin¹ dou⁶ a³?   호텔은 어디에 있나요?

➡ _____ ?

(2) Hei³ yün² hai² söng¹ chöng⁴ löu⁵ min⁶.   영화관은 쇼핑몰 안에 있어요.

➡ _____ 。

(3) Ngo⁵ m⁴ sik¹ gong² Gwong² dung¹ wa².   저는 광둥어를 할 줄 몰라요.

➡ _____ 。

4 녹음을 듣고 올바른 정답을 써 보세요.   Track 3-06

(1) Dei⁶ tit³ zhaam⁶ ge³ chöt¹ hau² [   ] yau⁵
yat¹ gaan¹ hei³ yün².

(2) Gei¹ chöng⁴ [   ] yau⁵ yat¹ gaan¹ sü¹ guk².

(3) Sai² sau² gaan¹ hai² baak³ fo³ gung¹ si¹ ge³ [   ] .

(4) Söng¹ chöng⁴ [   ] yau⁵ gei² gaan¹ chaan¹ teng¹.

5 다음 주어진 대화문을 읽고 질문에 광둥어로 답해 보세요.

> Ⓐ : 唔好意思，請問書局喺邊度呀？
>
> Ⓑ : 書局喺地鐵站嘅出口附近。
>
> Ⓐ : 由呢度點樣去地鐵站呀？
>
> Ⓑ : 由呢度直去，行三個街口，油站隔離就係喇。
>
> Ⓐ : 噉，喺地鐵站點樣去書局呀？
>
> Ⓑ : 地鐵站嘅出口附近有一間麥當勞，書局喺麥當勞嘅後面。
>
> Ⓐ : 係呀。唔該。

① 서점은 어디에 있나요?

➡ _____ 。

② 주유소는 어디에 있나요?

➡ _____ 。

③ 지하철역까지 어떻게 가나요?

➡ _____ 。

④ 맥도날드는 어디에 있나요?

➡ _____ 。

⑤ 지하철역에서 서점까지 어떻게 가나요?

➡ _____ 。

Lesson 4

Ngo⁵ daap³ ding¹ ding¹ faan¹ gung¹

我 搭 叮 叮 返 工。

저는 트램을 타고 출근해요.

단어 알아보GO!

Track 4-01

	광둥어	중국어	영어	한국어
1	cho⁵ / daap³ 坐 / 搭	zuò / chéng 坐 / 乘	Take / ride (transport)	동 (이동수단을) 타다
2	zhou⁶ 做	zuò / gàn 做 / 干	Do	동 하다
3	zhü⁶ 住	zhù 住	Live / stay	동 살다
4	zhün³ 轉	zhuǎn chéng 转乘	Take a transfer	동 환승하다, 갈아타다
5	haang⁴ gaai¹ 行街	guàng jiē 逛街	Go window-shopping	동 거리를 구경하며 돌아다니다, 아이쇼핑하다
6	zha¹ che¹ 揸車	kāi chē 开车	Drive	동 운전하다
7	höü³ löü⁵ hang⁴ 去旅行	qù lǚ xíng 去旅行	Travel	여행을 가다
8	sün⁴ / siu² lön⁴ 船 / 小輪	chuán / xiǎo lún 船 / 小轮	Ship / ferry	명 배, 페리
9	dik¹ si² 的士	chū zū chē 出租车	Taxi	명 택시
10	siu² ba¹ 小巴	xiǎo bā 小巴	Mini bus	명 미니버스

광둥어	중국어	영어	한국어
11	ba¹ si² 巴士	gōng gòng qì chē 公共汽车	Bus	명 버스
12	fo² che¹ 火車	huǒ chē 火车	Train	명 기차
13	fei¹ gei¹ 飛機	fēi jī 飞机	Airplane	명 비행기
14	laam⁶ che¹ 纜車	lǎn chē 缆车	Cable car / peak tram	명 케이블카, 피크 트램
15	din⁶ che¹ / ding¹ ding¹ 電車 / 叮叮	diàn chē 电车	Tram(Hong Kong Island only)	명 홍콩 트램, 홍콩 전차
16	hing¹ tit³ 輕鐵	qīng tiě 轻铁	Light Rail Train (LRT)	명 경전철(LRT)
17	zhik⁶ tung¹ ba¹ 直通巴	zhí tōng chē 直通车	Shuttle bus	명 직통버스
18	gei¹ chöng⁴ faai³ sin³ 機場快線	jī chǎng kuài xiàn 机场快线	Airport express	명 공항 철도 (공항 직통 열차)
19	Sam¹ zhan³ 深圳	Shēn zhèn 深圳	Shenzhen	고유 선전, 심천
20	Zhü¹ hoi² 珠海	Zhū hǎi 珠海	Zhuhai	고유 주하이, 주해
21	Ou³ mun² 澳門	Ào mén 澳门	Macau	고유 마카오
22	baat³ daat⁶ tung¹ 八達通	bā dá tōng 八达通	Octopus card	명 옥토퍼스 카드 (홍콩의 교통카드)
23	go¹ yi⁵ fu¹ kau⁴ 哥爾夫球	gāo ěr fū (qiú) 高尔夫(球)	Golf	명 골프
24	fong¹ bin⁶ 方便	fāng biàn 方便	Convenient	형 편리하다
25	haang⁴ lou⁶ höü³ 行路去	zǒu lù qù / bù xíng qù 走路去 / 步行去	Go on foot	걸어가다

Lesson
4

	광둥어	중국어	영어	한국어
26	faai³ 快	kuài 快	Fast	⑲ 빠르다
27	maan⁶ 慢	màn 慢	Slow	⑲ 느리다
28	sau² sön³ 手信	jì niàn pǐn 纪念品	Souvenir	⑲ 기념품
29	fei¹ 飛	fēi 飞	Fly	⑧ 날다
30	siu¹ ye⁵ sik⁶ 燒野食	shāo kǎo 烧烤	Barbecue	⑲ 바비큐
31	da² bin¹ lou⁴ 打邊爐	huǒ guō 火锅	Hot pot	⑲ 훠궈, 샤브샤브
32	zhung² zhaam⁶ 總站	zǒng zhàn 总站	Terminal	⑲ 터미널
33	sak¹ che¹ 塞車	dǔ chē 堵车	Traffic congestion	⑧ 차가 막히다
34	yin⁴ ng⁶ 延誤	yán wù 延误	Delay	⑧ 연착되다, 지연되다
35	yau⁵ lok⁶ 有落	(yào) xià chē (要)下车	Get off	⑧ 하차하다, 내리다
36	zhaau² chin² 找錢	zhǎo qián 找钱	Give the change	⑧ 잔돈을 거슬러 주다
37	gan¹ zhü⁶ 跟住	jiē zhe 接着	Then / next	⑻ 이어서, 잇따라
38	yin⁴ hau⁶ 然後	rán hòu 然后	And / then	⑳ 그리고 나서, 그러한 후에
39	dim² gaai² 點解	wèi shén me 为什么	Why	⑭ 왜, 어째서
40	yan¹ wai⁶ 因為	yīn wèi 因为	Because	⑳ 왜냐하면

①
Höng¹ gong² dou²
香港島
Xiāng gǎng dǎo
香港岛
Hong Kong Island
홍콩 섬

②
Gau² lung⁴ bun³ dou²
九龍半島
Jiǔ lóng bàn dǎo
九龙半岛
Kowloon Peninsula
구룡반도

③
San¹ gaai³
新界
Xīn jiè
新界
New Territories
신계

④
Daai⁶ yü⁴ saan¹
大嶼山
Dà yǔ shān
大屿山
Lantau Island
란타우 섬

⑤
Chek³ laap⁶ gok³
赤鱲角
Chì là jiǎo
赤鱲角
Chek Lap Kok
첵랍콕

⑥
Naam⁴ nga¹ dou²
南丫島
Nán yā dǎo
南丫岛
Lamma Island
라마 섬

⑦
Chek³ chü⁵
赤柱
Chì zhù
赤柱
Stanley
스탠리

⑧
Sai¹ gung³
西貢
Xī gòng
西贡
Sai Kung
사이쿵

⑨
Chöng⁴ zhau¹
長洲
Cháng zhōu
长洲
Cheung Chau
청차우

Lesson 4

zhik⁶ tung¹ ba¹
直通巴
zhí tōng chē
直通车
Shuttle bus
직통버스

ba¹ si²
巴士
gōng gòng qì chē
公共汽车
Bus
버스

dik¹ si²
的士
chū zū chē
出租车
Taxi
택시

gei¹ chöng⁴ faai³ sin³
機場快線
jī chǎng kuài xiàn
机场快线
Airport express
공항 철도(공항 직통 열차)

hing¹ tit³
輕鐵
qīng tiě
轻铁
Light Rail Train(LRT)
경전철(LRT)

din⁶ che¹ / ding¹ ding¹
電車 / 叮叮
diàn chē
电车
Tram(Hong Kong Island only)
홍콩 트램, 홍콩 전차

gwun¹ gwong¹ ba¹ si²
觀光巴士
guān guāng bā shì
观光巴士
Tour bus
관광 버스

yau⁴ lön⁴
郵輪
yóu lún
邮轮
Cruise ship
유람선

fo² che¹
火車
huǒ chē
火车
Train
기차

laam⁶ che¹

纜車

lǎn chē

缆车

Cable car / peak tram

케이블카, 피크 트램

sün⁴ / siu² lön⁴

船 / 小輪

chuán / xiǎo lún

船 / 小轮

Ship / ferry

배, 페리

fei¹ gei¹

飛機

fēi jī

飞机

Airplane

비행기

baat³ daat⁶ tung¹

八達通

bā dá tōng

八达通

Octopus card

옥토퍼스 카드
(홍콩의 교통카드)

haang⁴ gaai¹

行街

guàng jiē

逛街

Go window-shopping

거리를 구경하며 돌아다니다,
아이쇼핑하다

haang⁴ lou⁶ höü³

行路去

zǒu lù qù / bù xíng qù

走路去 / 步行去

Go on foot

걸어가다

zha¹ che¹

揸車

kāi chē

开车

Drive

운전하다

höü³ löü⁵ hang⁴

去旅行

qù lǚ xíng

去旅行

Travel

여행을 가다

광둥어	중국어
1 Hou² kan⁵ (wo³). 好近(喎)。	Hǎo jìn (o). 好近(哦)。
2 Ngo⁵ höü³ yam² a³. 我去飲呀。	Wǒ qù hē xǐ jiǔ. 我去喝喜酒。
3 Nei⁵ dim² yöng² faan¹ baan⁶ gung¹ sat¹ ga³? 你點樣返辦公室㗎?	Nǐ zěn me huí bàn gōng shì? 你怎么回办公室?
4 Ging¹ m⁴ ging¹ Nei⁴ dön¹ dou⁶ a³? 經唔經彌敦道呀?	Jīng guò Mí dūn dào ma? 经过弥敦道吗?
5 Chin⁴ min⁶ yau⁵ lok⁶. 前面有落。	Qián miàn xià chē. 前面下车。
6 M⁴ goi¹ dang² maai⁴. 唔該等埋。	Má fan nǐ děng yí xià. 麻烦你等一下。
7 M⁴ goi¹ zha¹ maan⁶ di¹. 唔該揸慢啲。	Má fan nǐ kāi màn diǎnr. 麻烦你开慢点儿。
8 Haang⁴ lou⁶ höü³ yiu³ gei² noi⁶ ga³? 行路去要幾耐㗎?	Zǒu lù / bù xíng qù yào duō jiǔ? 走路/步行去要多久?
9 Ngo⁵ yi⁴ ga¹ sak¹ gan² che¹. 我而家塞緊車。	Wǒ xiàn zài zhèng zài dǔ chē. 我现在正在堵车。

영어	한국어
It's near, isn't it?	엄청 가깝네요.
I'm going to attend a wedding banquet.	저는 결혼식에 가요. (저는 결혼 축하주를 마시러 가요.)
How do you go to office?	당신은 사무실에 어떻게 돌아가세요?
Do you go via Nathan Road?	네이선 로드를 지나나요?
I want to get off.	앞에서 내릴게요.
Please wait.	실례합니다만, 잠시만 기다려 주세요.
Please drive slowly.	죄송합니다만, 조금 천천히 가 주세요.
How long does it take to go there on foot?	걸어가면 얼마나 걸리나요?
I am stuck in a traffic jam.	저는 지금 차가 막히고 있어요.

① 현재 진행형: 주어 + 동사 + 緊(~하고 있다) + 목적어

광둥어	중국어
1	Ngo⁵ tai² gan² zhaap⁶ zhi³. 我睇緊雜誌。	Wǒ zhèng zài kàn zá zhì. 我正在看杂志。
2	Ma¹ mi⁴ tai² gan² din⁶ si⁶. 媽咪睇緊電視。	Mā ma zhèng zài kàn diàn shì. 妈妈正在看电视。
3	Sai³ mui² da² gan² din⁶ wa². 細妹打緊電話。	Mèi mei zhèng zài dǎ diàn huà. 妹妹正在打电话。

② 연동문: 주어 + 동사¹ + 목적어¹ + 동사² + (목적어²)

광둥어	중국어
1	Ngo⁵ höü³ baak³ fo³ gung¹ si¹ maai⁵ sau² doi². 我去百貨公司買手袋。	Wǒ qù bǎi huò gōng sī mǎi bāo. 我去百货公司买包。
2	Tung⁴ si⁶ höü³ Zhim¹ sa¹ zhöü² tai² hei³. 同事去尖沙咀睇戲。	Tóng shì qù Jiān shā zuǐ kàn diàn yǐng. 同事去尖沙咀看电影。
3	Wong⁴ sin¹ saang¹ höü³ Ying¹ gwok³ löü⁵ hang⁴. 黃先生去英國旅行。	Huáng xiān sheng qù Yīng guó lǚ xíng. 黄先生去英国旅行。

Tip

* 연동문이란 주어 하나에 동사가 두 개 또는 두 개 이상으로 이루어진 문장을 뜻합니다.

영어	한국어
I am reading a magazine.	저는 잡지를 보고 있어요.
My mother is watching TV.	어머니는 텔레비전을 보고 계세요.
My younger sister is making a phone call.	여동생은 전화를 하고 있어요.

영어	한국어
I go to the department store to buy a bag.	저는 백화점에 가서 가방을 사요.
My colleague goes to Tsim Sha Tsui to watch a movie.	직장 동료는 침사추이에 가서 영화를 봐요.
Mr. Wong takes a trip to England.	황 선생님은 영국으로 여행을 가요.

③ 장소를 묻는 연동문:
주어 + 동사¹ + 邊度(어디) + 동사² + 呀?

광둥어	중국어
1 Nei⁵ höü³ bin¹ dou⁶ chöt¹ chaai¹ a³? 你去邊度出差呀?	Nǐ qù nǎ li chū chāi? 你去哪里出差？
2 Go⁴ go¹ hai² bin¹ dou⁶ faan¹ gung¹ a³? 哥哥喺邊度返工呀？	Gē ge qù nǎ li shàng bān? 哥哥去哪里上班？
3 Köü⁵ dei⁶ höü³ bin¹ dou⁶ haang⁴ gaai¹ a³? 佢哋去邊度行街呀？	Tā men qù nǎ li guàng jiē? 他们去哪里逛街？

④ 동작이나 행위를 묻는 의문문:
주어 + 喺(~에서) + 장소 + 동사 + **乜嘢 / 咩**(무엇) + 呀?

광둥어	중국어
1 Nei⁵ hai² chaan¹ teng¹ sik⁶ mat¹ ye⁵ / me¹ a³? 你喺餐廳食乜嘢/咩呀？	Nǐ zài cān tīng chī shén me? 你在餐厅吃什么？
2 Ye⁴ ye² hai² chiu¹ kap¹ si⁵ chöng⁴ maai⁵ mat¹ ye⁵ / me¹ a³? 爺爺喺超級市場買乜嘢/咩呀？	Yé ye zài chāo jí shì chǎng mǎi shén me? 爷爷在超级市场买什么？
3 Ging¹ lei⁵ hai² Taai³ gwok³ zhou⁶ mat¹ ye⁵ / me¹ a³? 經理喺泰國做乜嘢/咩呀？	Jīng lǐ zài Tài guó zuò shén me? 经理在泰国做什么？

영어	한국어
Where do you go for the business trip?	당신은 어디로 출장을 가나요?
Where does your elder brother work?	형/오빠는 어디로 출근하나요?
Where do they go window-shopping?	그들은 어디로 아이쇼핑을 하러 가나요?

Lesson 4

영어	한국어
What do you eat in the restaurant?	당신은 식당에서 무엇을 먹나요?
What does grandfather buy in the supermarket?	할아버지는 슈퍼마켓에서 무엇을 사세요?
What does the manager do in Thailand?	부장님은 태국에서 무엇을 하세요?

⑤ **목적지를 묻는 연동문:**
주어 + 동사¹(坐/搭) + 목적어 + 동사²(去) + 邊度[어디] + 呀?

	광둥어	중국어
1	Po⁴ po² cho⁵ / daap³ din⁶ che¹ höü³ bin¹ dou⁶ a³? 婆婆坐/搭電車去邊度呀?	Wài pó zuò dīng dīng chē / diàn chē qù nǎ li? 外婆坐叮叮车/电车去哪里?
2	Dung² si⁶ zhöng² cho⁵ / daap³ fei¹ gei¹ höü³ bin¹ dou⁶ a³? 董事長坐/搭飛機去邊度呀?	Dǒng shì zhǎng zuò fēi jī qù nǎ li? 董事长坐飞机去哪里?
3	Nei⁵ tung⁴ nei⁵ pang⁴ yau⁵ cho⁵ / daap³ laam⁶ che¹ höü³ bin¹ dou⁶ a³? 你同你朋友坐/搭纜車去邊度呀?	Nǐ hé nǐ péng you zuò lǎn chē qù nǎ li? 你和你朋友坐缆车去哪里?

⑥ **교통수단을 묻는 연동문:**
주어 + 동사¹(坐/搭) + 乜嘢/咩[무엇] + 동사²(去) + 목적어 + 呀?

	광둥어	중국어
1	Nei⁵ cho⁵ / daap³ mat¹ ye⁵ / me¹ höü³ Chek³ chü⁵ a³? 你坐/搭乜嘢/咩去赤柱呀?	Nǐ zuò shén me qù Chì zhù? 你坐什么去赤柱?
2	Sai³ lou² cho⁵ / daap³ mat¹ ye⁵ / me¹ höü³ hei³ yün² a³? 細佬坐/搭乜嘢/咩去戲院呀?	Dì di zuò shén me qù diàn yǐng yuàn? 弟弟坐什么去电影院?
3	Nei⁵ go³ nöü² cho⁵ / daap³ mat¹ ye⁵ / me¹ höü³ hok⁶ haau⁶ a³? 你個女坐/搭乜嘢/咩去學校呀?	Nǐ nǚ ér zuò shén me qù shàng xué? 你女儿坐什么去上学?

영어	한국어
Where does grandmother go by tram?	외할머니는 트램을 타고 어디에 가세요?
Where does the director go by airplane?	이사장님은 비행기를 타고 어디에 가세요?
Where do you and your friend go by the cable car?	당신과 당신 친구는 케이블카를 타고 어디에 가나요?

Lesson 4

영어	한국어
How do you go to Stanley?	당신은 무엇을 타고 스탠리에 가나요?
How does younger brother go to the cinema?	남동생은 무엇을 타고 영화관에 가나요?
How does your daughter go to school?	당신 딸은 무엇을 타고 학교에 가나요?

광둥어
1 Ngo⁵ tung⁴ si⁶ mui⁵ zhiu¹ 我同事每朝 daap³ siu² ba¹ höü³ Tung⁴ lo⁴ waan¹ faan¹ gung¹. 搭小巴去銅鑼灣返工。
2 Ting¹ yat⁶ ngo⁵ höü³ Höng¹ gong² gwok³ zhai³ gei¹ chöng⁴ daap³ fei¹ gei¹. 聽日我去香港國際機場搭飛機。
3 Ngo⁵ tung⁴ go³ haak³ daap³ sün⁴ höü³ Zhü¹ hoi² da² go¹ yi⁵ fu¹ kau⁴. 我同個客搭船去珠海打哥爾夫球。
4 Ngo⁵ dei⁶ ge³ lou⁵ si¹ mui⁵ yat⁶ daap³ dei⁶ tit³ lai⁴ hok⁶ haau⁶. 我哋嘅老師每日搭地鐵嚟學校。
5 Ngo⁵ daap³ gan² gei¹ chöng⁴ faai³ sin³. 我搭緊機場快線。
6 Köü⁵ daap³ gan² zhik⁶ tung¹ ba¹ höü³ Sam¹ zhan³. 佢搭緊直通巴去深圳。

중국어	한국어
Wǒ tóng shì měi tiān zǎo shang 我同事每天早上 zuò xiǎo bā qù Tóng luó wān shàng bān. 坐小巴去铜锣湾上班。	제 직장 동료는 매일 아침 미니버스를 타고 코즈웨이 베이로 출근해요.
Míng tiān wǒ qù Xiāng gǎng guó jì jī chǎng zuò fēi jī. 明天我去香港国际机场坐飞机。	내일 저는 홍콩 국제 공항에 가서 비행기를 타요.
Wǒ hé kè hù zuò chuán qù Zhū hǎi dǎ gāo ěr fū (qiú). 我和客户坐船去珠海打高尔夫(球)。	저와 제 고객은 배를 타고 주하이에 가서 골프를 쳐요.
Wǒ men de lǎo shī měi tiān zuò dì tiě lái xué xiào. 我们的老师每天坐地铁来学校。	저희 선생님은 매일 지하철을 타고 학교에 오세요.
Wǒ zhèng zài zuò jī chǎng kuài xiàn. 我正在坐机场快线。	저는 공항 철도를 타고 있어요.
Tā zhèng zài zuò zhí tōng chē qù Shēn zhèn. 他正在坐直通车去深圳。	그는 직통버스를 타고 선전으로 가고 있어요.

7

Ngo⁵ hai² Waan¹ zhai² faan¹ (gan²) gung¹.

我喺灣仔返(緊)工。

8

Köü⁵ höü³ bin¹ dou⁶ chöt¹ chaai¹ a³?

佢去邊度出差呀?

9

Nei⁵ höü³ Gau² lung⁴ tong⁴ zhou⁶ mat¹ ye⁵ a³?

你去九龍塘做乜嘢呀?

10

Nei⁵ dei⁶ daap³ laam⁶ che¹ höü³ bin¹ dou⁶ a³?

你哋搭纜車去邊度呀?

11

Nei⁵ tung⁴ nei⁵ pang⁴ yau⁵ daap³ mat¹ ye⁵ höü³ Wong⁶ gok³ a³?

你同你朋友搭乜嘢去旺角呀?

12

Ngo⁵ dei⁶ hok⁶ haau⁶ hai² Zho² dön¹.

我哋學校喺佐敦。

Ngo⁵ dei⁶ daap³ siu² ba¹ faan¹ hok⁶.

我哋搭小巴返學。

중국어	한국어
Wǒ zhèng zài Wān zǎi shàng bān. 我正在湾仔上班。	저는 완차이에서 일하고 있어요.
Tā qù nǎ li / nǎr chū chāi? 他去哪里 / 哪儿出差？	그는 어디로 출장을 가나요?
Nǐ qù Jiǔ lóng táng zuò shén me? 你去九龙塘做什么？	당신은 카우룽퉁에 가서 무엇을 하세요?
Nǐ men zuò lǎn chē qù nǎ li / nǎr? 你们坐缆车去哪里 / 哪儿？	당신들은 케이블카를 타고 어디에 가세요?
Nǐ hé nǐ péng you zěn me / zuò shén me qù Wàng jiǎo? 你和你朋友怎么 / 坐什么去旺角？	당신과 당신 친구는 어떻게/무엇을 타고 몽콕에 가세요?
Wǒ men xué xiào zài Zuǒ dūn. 我们学校在佐敦。 Wǒ men zuò xiǎo bā shàng xué. 我们坐小巴上学。	저희 학교는 조던에 있어요. 저희는 미니버스를 타고 학교에 가요.

13

Ngo⁵ daap³ ba¹ si² höü³ Zhim¹ sa¹ zhöü²,
我搭巴士去尖沙咀，

gan¹ zhü⁶ zhün³ fo² che¹.
跟住轉火車。

14

Ngo⁵ dei⁶ daap³ sün⁴ höü³ Gam¹ zhung¹,
我哋搭船去金鐘，

yin⁴ hau⁶ zhün³ dik¹ si² höü³ Chek³ chü⁵.
然後轉的士去赤柱。

15

Ngo⁵ tung⁴ taai³ taai² zhü⁶ hai² Hung⁴ ham³.
我同太太住喺紅磡。

Ngo⁵ dei⁶ zha¹ che¹ höü³ Taai³ gwu² sing⁴ tai² hei³.
我哋揸車去太古城睇戲。

16

Yau⁴ Daai⁶ yü⁴ saan¹ daap³ sün⁴ höü³
由大嶼山搭船去

San¹ gaai³ yiu³ saam¹ sap⁶ fan¹ zhung¹.
新界要三十分鐘。

Höü³ Höng¹ gong² dou² yiu³ ng⁵ sap⁶ fan¹ zhung¹.
去香港島要五十分鐘。

* '要'는 뒤에 '시간사'가 올 경우 '(시간이) 소요되다, 걸리다'라는 뜻이며, 뒤에 '명사'가 올 경우에는 '필요하다, 원하다'라는 뜻으로 쓰입니다.

중국어	한국어
Wǒ zuò gōng gòng qì chē qù Jiān shā zuǐ, 我坐公共汽车去尖沙咀, jiē zhe zhuǎn huǒ chē. 接着转火车。	저는 버스를 타고 침사추이에 간 다음 기차로 갈아타요.
Wǒ men zuò chuán qù Jīn zhōng, 我们坐船去金钟, rán hòu zhuǎn chū zū chē qù Chì zhù. 然后转出租车去赤柱。	저희는 배를 타고 애드미럴티에 간 다음 택시로 갈아타고 스탠리에 가요.
Wǒ hé tài tai zhù zài Hóng kàn. 我和太太住在红磡。 Wǒ men kāi chē qù Tài gǔ chéng kàn diàn yǐng. 我们开车去太古城看电影。	저와 제 아내는 헝홈에 살아요. 저희는 운전해서 타이쿠싱에 가서 영화를 봐요.
Cóng Dà yǔ shān zuò chuán qù 从大屿山坐船去 Xīn jiè yào sān shí fēn zhōng. 新界要三十分钟。 Qù Xiāng gǎng dǎo yào wǔ shí fēn zhōng. 去香港岛要五十分钟。	란타우 섬에서 배를 타고 가면 신계까지 30분이 걸려요. 홍콩 섬까지는 50분이 걸려요.

광둥어	중국어	한국어
Höü³ bin¹ dou⁶ a³? 去邊度呀？	Qù nǎ li? 去哪里？	어디로 갈까요?
M⁴ goi¹ höü³ Nöü⁵ yan² gaai¹ a¹. 唔該去女人街吖。	Láo jià qù Nǚ rén jiē. 劳驾去女人街。	실례합니다만, 우먼스트리트로 가 주세요.
Bin¹ dou⁶ lok⁶ a³? 邊度落呀？	Nǎ li xià chē? 哪里下车？	어디에서 내리세요?
M⁴ goi¹ zhik⁶ höü³, 唔該直去， dang¹ wai² ting⁴ a¹. 燈位停吖。	Qǐng zhí zǒu, 请直走， tíng zài hóng lǜ dēng páng biān. 停在红绿灯旁边。	앞으로 쭉 직진하셔서, 신호등 옆에 세워 주세요.

택시 기사 / 승객 / 택시 기사 / 승객

	광둥어	중국어	한국어
승객	Ging¹ m⁴ ging¹ Nei⁴ dön¹ dou⁶ a³? 經唔經彌敦道呀？	Jīng guò Mí dūn dào ma? 经过弥敦道吗？	네이선 로드를 지나나요?
버스 기사	Ging¹ a³. 經呀。	Jīng guò. 经过。	지납니다.
승객	Zhün³ waan¹ yau⁵ lok⁶ a¹. 轉彎有落吖。	Wǒ xiǎng zài guǎi wān hòu xià chē. 我想在拐弯後下车。	코너 돌아서 내릴게요.
버스 기사	Hou² a³. 好呀。	Hǎo. 好。	알겠습니다.

광둥어

미스황

Chan⁴ siu² zhe², nei⁵ yi⁴ ga¹ zhou⁶ gan² mat¹ ye⁵ a³?
陳小姐，你而家做緊乜嘢呀？

미스진

Ngo⁵ yi⁴ ga¹ daap³ gan² ba¹ si².
我而家搭緊巴士。

미스황

(Nei⁵) daap³ ba¹ si² höü³ bin¹ dou⁶ a³?
(你)搭巴士去邊度呀？

미스진

(Ngo⁵ daap³ ba¹ si²) höü³ Zhim¹ sa¹ zhöü².
(我搭巴士)去尖沙咀。

미스황

Nei⁵ höü³ Zhim¹ sa¹ zhöü² zhou⁶ mat¹ ye⁵ a³?
你去尖沙咀做乜嘢呀？

미스진

(Ngo⁵) höü³ yam² a³.
(我)去飲呀。

미스황

Gam², nei⁵ ting¹ yat⁶ faan¹ m⁴ faan¹ gung¹ a³?
嗽，你聽日返唔返工呀？

미스진

Ting¹ yat⁶ hai⁶ gung¹ zhung³ ga³ kei⁴, ngo⁵ m⁴ faan¹ gung¹.
聽日係公眾假期，我唔返工。

미스황

Ngo⁵ ting¹ yat⁶ höü³ Tung⁴ lo⁴ waan⁴ haang⁴ gaai¹, nei⁵ höü³ m⁴ höü³ a³?
我聽日去銅鑼灣行街，你去唔去呀？

* '銅鑼灣'에서의 '灣'은 waan⁴과 waan¹ 두 가지 성조 표기법 모두 사용 가능합니다.

미스진

Hou² a³.
好呀。

중국어	한국어
Chén xiǎo jie, nǐ xiàn zài (zhèng) zài zuò shén me a? 陈小姐，你现在(正)在做什么啊？	미스 진, 지금 무엇을 하고 있어요?
Wǒ (zhèng) zài zuò gōng gòng qì chē. 我(正)在坐公共汽车。	저는 지금 버스 안에 있어요. (저는 지금 버스를 타고 있어요.)
(Nǐ) zuò gōng gòng qì chē qù nǎ li a? (你)坐公共汽车去哪里啊？	(당신은) 버스를 타고 어디에 가세요?
(Wǒ zuò gōng gòng qì chē) qù Jiān shā zuǐ. (我坐公共汽车)去尖沙咀。	(저는 버스를 타고) 침사추이에 가요.
Nǐ qù Jiān shā zuǐ zuò shén me a? 你去尖沙咀做什么啊？	당신은 침사추이에 가서 무엇을 하세요?
(Wǒ) qù hē xǐ jiǔ. (我)去喝喜酒。	(저는) 결혼식에 가요.
Nà me, nǐ míng tiān shàng bu shàng bān a? 那么，你明天上不上班啊？	그러면 당신은 내일 출근하세요?
Míng tiān shì gōng zhòng jià qī, wǒ bú shàng bān. 明天是公众假期，我不上班。	내일은 공휴일이어서 출근하지 않아요.
Wǒ míng tiān qù Tóng luó wān guàng jiē, nǐ qù bu qù a? 我明天去铜锣湾逛街，你去不去啊？	저는 내일 코즈웨이 베이에 아이쇼핑하러 가는데, 갈래요?
Hǎo a. 好啊。	좋아요.

Lesson
4

연습 문제 정답 p144

1 다음 제시된 발음을 보고 광둥어로 써 보세요.

> 예시 Ngo⁵ dei⁶ hok⁶ haau⁶ hai² Zho² dön¹.   저희 학교는 조던에 있어요.
>
> ➡ <u>我哋學校喺佐敦</u>。

(1) Ma¹ mi⁴ tai² gan² din⁶ si⁶.   어머니는 텔레비전을 보고 계세요.

➡ _____ 。

(2) Ngo⁵ daap³ ba¹ si² faan¹ gung¹.   저는 버스를 타고 출근해요.

➡ _____ 。

(3) Ngo⁵ yi⁴ ga¹ sik⁶ gan² maan⁵ faan⁶.   저는 지금 저녁을 먹고 있어요.

➡ _____ 。

2 다음 제시된 문장을 보고 광둥어 발음을 써 보세요.

> 예시 我去日本旅行。   저는 일본으로 여행을 가요.
>
> ➡ <u>Ngo⁵ höü³ Yat⁶ bun² löü⁵ hang⁴</u>.

(1) 我而家揸緊車去赤柱。   저는 지금 운전해서 스탠리에 가고 있어요.

➡ _____ 。

(2) 我哋而家搭緊飛機。   저희는 지금 비행기를 타고 있어요.

➡ _____ 。

(3) 你去邊度出差呀？   당신은 어디로 출장을 가나요?

➡ _____ ?

3 다음 제시된 문장을 우리말로 해석해 보세요.

> **예시** 我而家返緊工，我老婆而家買緊嘢。
> ➡ 저는 지금 일을 하고 있고, 제 아내는 지금 쇼핑을 하고 있어요.

① 我而家搭緊的士。

➡ _____ .

② 總經理而家搭緊直通巴去深圳。

➡ _____ .

③ 搭地鐵去旺角要五分鐘。搭地鐵去方便啲。

➡ _____ .

4 다음 단어를 올바르게 배열하여 문장을 만들어 보세요.

> **예시** 細妹 / 緊 / 電話 / 打　　여동생은 전화를 하고 있어요.
> ➡ 細妹打緊電話。

① 我 / 買 / 手袋 / 百貨公司 / 去　　저는 백화점에 가서 (손)가방을 사요.

➡ _____ 。

② 雜誌 / 睇 / 我 / 緊　　저는 잡지를 보고 있어요.

➡ _____ 。

③ 你 / 出差 / 去 / 邊度 / 呀　　당신은 어디로 출장을 가나요?

➡ _____ ?

5 다음 주어진 대화문을 읽고 질문에 광둥어로 답해 보세요.

> 王依文 : 你而家做緊乜嘢呀?
>
> 張家安 : 我而家返緊工呀。
>
> 王依文 : 你喺邊度返工呀?
>
> 張家安 : 我喺佐敦返工。
>
> 王依文 : 好近喎!
>
> 張家安 : 係呀。我今晚去尖沙咀食飯，你去唔去呀?
>
> 王依文 : 唔去喇! 我聽日去日本旅行呀!
>
> 張家安 : 係呀。

① 家安은 지금 무엇을 하고 있나요?

➡ _____ 。

② 家安은 어디에서 일하나요?

➡ _____ 。

③ 家安의 사무실은 가깝나요?

➡ _____ 。

④ 家安은 오늘 저녁에 무엇을 할 예정인가요?

➡ _____ 。

⑤ 依文은 오늘 밤에 침사추이에 가나요?

➡ _____ 。

⑥ 依文은 왜 침사추이에 가지 않나요?

➡ _____ 。

6 녹음을 듣고 빈칸에 알맞은 정답을 써 넣고, 우리말로 해석해 보세요.

(1) Ngo⁵ yi⁴ ga¹ daap³ gan² _____ .

➡ _____ .

(2) Ngo⁵ daap³ _____ faan¹ gung¹.

➡ _____ .

(3) Lou⁵ baan² cho⁵ _____ höü³ Sam¹ zhan³ chöt¹ chaai¹.

➡ _____ .

(4) Ngo⁵ ting¹ yat⁶ daap³ _____ höü³ gei¹ chöng⁴.

➡ _____ .

(5) Köü⁵ cho⁵ _____ höü³ Ou³ mun².

➡ _____ .

GO! 독학
광둥어 두걸음
부록

목차

연습 문제 정답

Lesson 1

1

① Yi⁶ ling⁴ yi⁶ saam¹ nin⁴ yat¹ yüt⁶ yat¹ hou⁶, sing¹ kei⁴ sei³.

② Yat¹ gau² chat¹ baat³ nin⁴ chat¹ yüt⁶ saam¹ sap⁶ yat¹ hou⁶, sing¹ kei⁴ luk⁶.

③ Yat¹ gau² gau² sei³ nin⁴ sap⁶ yi⁶ yüt⁶ yi⁶ sap⁶ ng⁵ hou⁶, sing¹ kei⁴ yat⁶.

2

① 下晝十二點半／三十分。

② 下晝六點二十二分。

③ 朝早／上晝七點鐘／正。

3

① Ha⁶ zhau³ sei³ dim² zhung¹ / zhing³.

② Bun³ ye² yat¹ dim² daap⁶ chat¹ / chat¹ go³ zhi⁶.

③ Ye⁶ maan⁵ sap⁶ yat¹ dim² bun³.

④ Ha⁶ zhau³ sap⁶ yi⁶ dim² daap⁶ yi⁶ / löng⁵ go³ zhi⁶.

⑤ Bun³ ye² saam¹ dim² daap⁶ yat¹ / yat¹ go³ zhi⁶.

4

① 而家四點半。

② 佢今日加班。

③ 佢加班到十點。

④ 佢去食宵夜。

⑤ 佢都去食宵夜。

지문 해석

黃小姐 : 미스 리, 지금 몇 시예요?

李小姐 : 지금 4시 반이에요.

黃小姐 : 당신은 오늘 야근하세요?

李小姐 : 저는 오늘 야근해요.

黃小姐 : 당신은 몇 시까지 야근하세요?

李小姐 : 저는 10시까지 야근해요.

黃小姐 : 저는 오늘 저녁 야식을 먹으러 갈 건데, 야식 먹으러 가실래요?

李小姐 : 저 갈래요.

5

① Gam¹ yat⁶ hai⁶ ng⁵ yüt⁶ sei³ hou⁶.

오늘은 5월 4일이에요.

② Yi⁴ ga¹ hai⁶ sei³ dim² sap⁶ yi⁶ fan¹.

지금은 4시 12분이에요.

③ Ngo⁵ mui⁵ zhiu¹ chat¹ dim² zhung¹ hei² san¹, mui⁵ maan⁵ sap⁶ yi⁶ dim² fan³ gaau³.

저는 매일 아침 7시에 일어나서, 매일 저녁 12시에 자요.

④ Ngo⁵ mui⁵ zhiu¹ baat³ dim² bun³ faan¹ gung¹, ng⁵ dim² zhung¹ fong³ gung¹.

저는 매일 아침 8시 반에 출근해서, 5시에 퇴근해요.

⑤ Chiu¹ kap¹ si⁵ chöng⁴ gau² dim² zhung¹ hoi¹ pou³, sap⁶ dim² zhung¹ saan¹ pou³.

슈퍼마켓은 9시에 문을 열어서, 10시에 문을 닫아요.

Lesson 2

1

① 이것은 비싸요.

② 이것은 비싸지 않아요.

③ 이것은 가장 비싸요.

④ 이것은 비싼가요, 비싸지 않은가요?

⑤ 이것은 너무 비싸요.

ⓐ 呢件貴唔貴呀?

ⓑ 呢件貴。

ⓒ 呢件唔貴。

ⓓ 呢件最貴。

ⓔ 呢件太貴。

2

① 呢件衫太細。

② 呢條褲有大碼同中碼。

③ 呢對鞋好舊。

3

① 이 옷은 조금 낡았어요. 저에게 새것으로 한 벌 사 주세요.

② 오랜만이에요. 많이 예뻐지셨네요.

③ 이 커피는 너무 써요. 저는 안 마실래요.

4

① 呢對鞋太大。

② 你條裙貴唔貴㗎?

③ 你高咗好多。

5

① 佢件衫係新款。

② 佢件衫係淺藍色。

③ 呢件衫有其他顏色。

④ 呢件衫一件二百五十蚊。

⑤ 佢都買一件。

⑥ 佢唔買淺藍色。

지문 해석

陳小姐: 미스 림, 당신 옷이 너무 예뻐요. 신상인가요?

林小姐: 이 옷은 올해 신상이에요.

陳小姐: 그렇군요. 다른 색상도 있나요?

林小姐: 있어요. 연한 파란색, 연두색 그리고 연한 노란색이 있어요. 제가 산 것은 연한 파란색이에요.

陳小姐: 한 벌에 얼마예요?

林小姐: 한 벌에 250 달러예요. 한 벌 사실래요?

陳小姐: 살래요. 저는 연한 노란색으로 한 벌 살래요.

6

① Ni¹ tiu⁴ fu³ hou² dün², yau⁵ mou⁵ chöng⁴ di¹ ga³?

이 바지는 엄청 짧네요. 긴 것 있나요?

② Ni¹ gin⁶ saam¹ hou² leng³, hai⁶ m⁴ hai⁶ san¹ fun² ga³?

이 옷 엄청 예쁘네요. 신상인가요?

③ Ni¹ tiu⁴ taai¹ taai³ gau⁶ la³, bei² tiu⁴ san¹ ge³ ngo⁵ a¹.

이 넥타이는 너무 낡았어요. 저에게 새것으로 하나 주세요.

④ Ni¹ go³ sau² doi² yau⁵ chaang² sik¹, luk⁶ sik¹ tung⁴ maai⁴ baak⁶ sik¹.

이 가방은 주황색, 초록색, 그리고 흰색이 있어요.

⑤ Go² bun² zhaap⁶ zhi³ gwai³ zho² siu² siu², ngo⁵ m⁴ maai⁵.

저 잡지는 조금 비싸요. 저는 안 살래요.

Lesson 3

1

① 地庫一樓嘅左手便有地鐵站。

② 地庫二樓嘅左手便有超級市場。

③ 一樓嘅左手便有男洗手間，右手便有女洗手間。

④ 二樓嘅右手便有cafe。

2

① 醫院喺公司對面。

② 百貨公司後面有銀行。

③ 餐廳隔離有酒店。

④ 公司同埋餐廳中間有百貨公司。

3

① 酒店喺邊度呀？

② 戲院喺商場裏面。

③ 我唔識講廣東話。

4

① Dei⁶ tit³ zhaam⁶ ge³ chöt¹ hau² fu⁶ gan⁶ yau⁵ yat¹ gaan¹ hei³ yün².

② Gei¹ chöng⁴ löü⁵ min⁶ yau⁵ yat¹ gaan¹ sü¹ guk².

③ Sai² sau² gaan¹ hai² baak³ fo³ gung¹ si¹ ge³ saam¹ lau².

④ Söng¹ chöng⁴ chöt¹ bin⁶ yau⁵ gei² gaan¹ chaan¹ teng¹.

5

① 書局喺地鐵站嘅出口附近。

② 油站喺地鐵站隔離。

③ 由呢度直去，行三個街口，油站隔離就係。

④ 麥當勞喺地鐵站嘅出口附近。

⑤ 地鐵站嘅出口附近有一間麥當勞，書局喺麥當勞嘅後面。

지문 해석

A: 실례합니다만, 서점이 어디에 있나요?

B: 서점은 지하철역 출구 근처에 있어요.

A: 여기에서 지하철역까지 어떻게 가나요?

B: 여기에서 쭉 직진한 다음, 세 블럭을 지나면 주유소 옆에 바로 있어요.

A: 그러면 지하철역에서 서점까지는 어떻게 가나요?

B: 지하철역 출구 근처에 맥도날드가 하나 있는데, 서점은 바로 맥도날드 뒤편에 있어요.

A: 그렇군요. 감사합니다.

Lesson 4

1

① 媽咪睇緊電視。

② 我搭巴士返工。

③ 我而家食緊晚飯。

2

① Ngo⁵ yi⁴ ga¹ zha¹ gan² che¹ höü³ Chek³ chü⁵.

② Ngo⁵ dei⁶ yi⁴ ga¹ daap³ gan² fei¹ gei¹.

③ Nei⁵ höü³ bin¹ dou⁶ chöt¹ chaai¹ a³?

3

① 저는 지금 택시를 타고 있어요.

② 사장님은 지금 직통버스를 타고 선전으로 가고 있어요.

③ 지하철을 타면 몽콕까지 5분 걸려요. 지하철을 타고 가는 것이 조금 더 편해요.

4

① 我去百貨公司買手袋。

② 我睇緊雜誌。

③ 你去邊度出差呀?

5

① 佢而家返緊工。

② 佢喺佐敦返工。

③ 佢嘅公司好近。

④ 佢今晚去尖沙咀食飯。

⑤ 佢今晚唔去尖沙咀。

⑥ 因為依文聽日去日本旅行。

지문 해석

王依文 : 당신은 지금 무엇을 하고 있나요?

張家安 : 저는 지금 일을 하고 있어요.

王依文 : 당신은 어디에서 일하세요?

張家安 : 저는 조단에서 일해요.

王依文 : 엄청 가깝네요!

張家安 : 맞아요. 오늘 저녁 침사추이에서 밥을 먹을 건데, 같이 가실래요?

王依文 : 안 갈래요! 저는 내일 일본 여행을 가요.

張家安 : 그렇군요.

6

① Ngo⁵ yi⁴ ga¹ daap³ gan² ba¹ si².

저는 지금 버스를 타고 있어요.

② Ngo⁵ daap³ ding¹ ding¹ faan¹ gung¹.

저는 트램을 타고 출근해요.

③ Lou⁵ baan² cho⁵ zhik⁶ tung¹ ba¹ höü³ Sam¹ zhan³ chöt¹ chaai¹.

사장님은 직통버스를 타고 선전으로 출장을 가요.

④ Ngo⁵ ting¹ yat⁶ daap³ dik¹ si² höü³ gei¹ chöng⁴.

저는 내일 택시를 타고 공항에 가요.

⑤ Köü⁵ cho⁵ sün⁴ höü³ Ou³ mun².

그는 배를 타고 마카오에 가요.

주제별 일상 어휘 및 문화

1 재래시장

홍콩의 '재래시장(街市, Gaai¹ si⁵)'은 우리나라의 재래시장과 마찬가지로 지역 신선 식품을 판매하는 곳입니다. 홍콩의 재래시장은 홍콩의 거의 모든 주택가에서 흔히 볼 수 있습니다. 그곳의 제품들은 신선하고 저렴하며 종류가 많기 때문에 홍콩 사람은 재래 시장을 즐겨 찾습니다. 보통 수십 개의 노점들이 모여 있으며, 대부분은 6시쯤에 문을 닫습니다. 또한 광둥어를 가장 보편적으로 사용하지만, 간단한 영어나 중국어를 사용하는 상인들도 일부 있습니다.

홍콩의 재래시장은 항상 사람들로 북적거리며, 대부분의 고객은 가정주부 혹은 가사 도우미들입니다. 상인들은 손님들의 시선을 끌기 위해 호객 행위를 하는 것을 좋아하기 때문에 재래시장이 마트보다 훨씬 시끄럽고 북적북적합니다.

재래시장에서는 주로 신선한 과일, 채소, 고기, 해산물 등을 판매하며, 간혹 꽃 가게, 식료품점, 옷 가게 등이 있기도 합니다.

1) 재래시장에 있는 가게

광둥어	중국어	한국어
choi³ dong³ 菜檔	shū cài tān 蔬菜摊	채소 가게
saang¹ gwo² dong³ 生果檔	shuǐ guǒ tān 水果摊	과일 가게
yü² dong³ 魚檔	yú tān 鱼摊	생선 가게
yuk⁶ dong³ 肉檔	ròu tān 肉摊	정육점
gon¹ fo³ pou² 乾貨舖	gān huò diàn 干货店	건어물상

2) 재래시장에서 물건을 살 때 쓰는 표현

홍콩의 재래시장에서 판매하는 식품은 마트와 달리 미리 포장해 두지 않습니다. 대신 고객들이 원하는 양을 선택할 수 있으며, 상인들은 무게를 재서 가격을 책정합니다.

광둥어	중국어	한국어
Gei² chin² gan¹ / löng²? 幾錢斤 / 兩？	Duō shao qián yì jīn / yì liǎng? 多少钱一斤 / 一两？	한 근에 얼마예요?
Dim² maai⁶ a³? 點賣呀？	Zěn me mài? 怎么卖？	어떻게 팔아요?
Gaan² di¹ san¹ sin¹ / leng³ ge³ lei⁴ a¹. 揀啲新鮮 / 靚嘅嚟吖。	Xuǎn xiē xīn xiān / hǎo diǎnr de lái. 选些新鲜 / 好点儿的来。	조금 싱싱한 것/ 좋은 것으로 골라 주세요.
Gam¹ yat⁶ yau⁵ me¹ leng³ a³? 今日有咩靚呀？	Jīn tiān yǒu shén me tuī jiàn? 今天有什么推荐？	오늘 추천할 만한 것이 있나요?
Yi⁴ ga¹ bin¹ di¹ zhöü³ hap⁶ si⁴ a³? 而家邊啲最合時呀？	Nǎ xiē shì zhè ge jì jié dāng lìng de? 哪些是这个季节当令的？	어떤 것이 제철이에요?
Peng⁴ di¹ dak¹ m⁴ dak¹ a³? 平啲得唔得呀？	Pián yi diǎnr kě yǐ ma? 便宜点儿可以吗？	조금 싸게 해 주실 수 있나요?

3) 일반적으로 사용하는 각종 측정 단위

	광둥어	중국어	한국어
1	yat¹ löng² 一兩	yì liǎng 一两	양, Tale (약 38 그램)
2	yat¹ gan¹ 一斤	yì jīn 一斤	한 근 (600 그램)
3	bun³ gan¹ 半斤	bàn jīn 半斤	반 근 (300 그램)
4	gan¹ bun³ 斤半	yì jīn bàn 一斤半	한 근 반 (900 그램)
5	sap⁶ man¹ 十蚊	shí yuán / shí kuài 十元 / 十块	10 달러
6	yat¹ zhek³ 一隻	yì zhī 一只	한 마리 (닭, 오리, 생선 등을 셀 때 사용)
7	yat¹ bong⁶ 一磅	yí bàng 一磅	1 파운드 (홍콩에서 자주 쓰이는 단위 중 하나로 약 450 그램)
8	yat¹ zhün¹ 一磚	yí kuài 一块	한 모 (두부를 셀 때 사용)
9	yat¹ gau⁶ 一嚿	yí kuài 一块	한 덩어리, 한 조각 (두부, 고기, 뼈다귀 등을 셀 때 사용)
10	yat¹ fan⁶ 一份	yí fèn 一份	한 바구니, 한 묶음 (채소, 생선 가게에서는 각종 상품들을 별도로 분류하여 묶어서 판매하는 경우가 있음)

4) 채소 및 과일 구매

홍콩의 재래시장에서 판매하는 대부분의 식품들은 중국 본토에서 수입하는 반면 과일들은 주로 동남아 국가에서 수입을 합니다. 간혹 '신계 채소(新界菜, san¹ gaai³ choi³)'라고 라벨이 붙어 있는 현지 채소들을 판매하는 곳도 있는데, 해당 채소들은 현지 식품인 만큼 신선하고 유기농 제품들이 많아 대부분 가격이 비싼 편입니다.

채소 혹은 과일 등을 구매할 때는 원하는 양만큼의 무게를 말하면 됩니다. 예를 들어 '청경채 반 근만 주세요.'라고 하거나 정확한 양을 모를 때는 인원수나 얼마어치 필요한지 등을 말해 사장님께 양을 추천받는 방법도 있습니다. 예를 들어, '갈비 2인분만 주세요.' 혹은 '청경채 20 달러어치 주세요.'라고 표현할 수 있습니다. 그 외에 토마토, 마늘, 감자와 같이 셀 수 있는 품목들은 일일이 무게를 재는 수고를 덜기 위해 바구니 등에 담아 묶음으로 무게를 재고 판매합니다. 또한 고객에게 가끔 (대)파를 서비스로 주는 상인들도 있습니다.

Track 5-04

광둥어	중국어	한국어
M⁴ goi¹ bun³ gan¹ bo¹ choi³, 唔該半斤菠菜, yat¹ gan¹ baak⁶ choi³ a¹. 一斤白菜吖。	Láo jià yào bàn jīn bō cài, 劳驾要半斤菠菜, yì jīn bái cài. 一斤白菜。	실례합니다만, 시금치 반 근이랑 배추 한 근 주세요.
Yiu³ löng⁵ go³ yan⁴ fan⁶ löng⁶ ge³ choi³ sam¹ a¹ m⁴ goi¹. 要兩個人份量嘅菜心吖唔該。	Láo jià yào liǎng rén fèn de cài xīn. 劳驾要两人份的菜心。	실례합니다만, 초이삼 2인분 주세요.
Daap³ do¹ löng⁵ tiu⁴ chung¹ a¹ m⁴ goi¹. 搭多兩條蔥吖唔該。	Sòng liǎng gēn cōng ba, xiè xie. 送两根葱吧，谢谢。	서비스로 대파 2대만 주세요. 감사합니다.

과일은 보통 정해진 양으로 판매합니다. 예를 들어, '10 달러에 4개(十蚊四個, sap⁶ man¹ sei³ go³)'와 같이 정해진 가격에 판매합니다. 물론 비싸기는 하지만 낱개 판매도 가능하며, 일부 상인들은 바구니에 몇몇 종류의 과일을 함께 담아 소정의 가격으로 판매하기도 합니다.

5) 육류 구매

고기를 구매할 때는 원하는 부위와 정확한 양을 말해야 합니다. 고기는 보통 '근' 단위로 책정하며, 채소 구매할 때와 마찬가지로 '소고기 20 달러어치(廿蚊牛肉, ya⁶ man¹ ngau⁴ yuk⁶)'처럼 원하는 금액만큼 달라고 요청할 수도 있습니다.

스테이크, 미트볼, 닭날개와 같은 냉동육은 '냉동 고깃집(凍肉舖, dung³ yuk⁶ pou²)'에서 구매할 수 있으며, 냉동육은 '파운드' 단위로 책정합니다.

Track 5-05

광둥어	중국어	한국어
M⁴ goi¹ sap⁶ man¹ min⁵ zhi⁶ a¹. 唔該十蚊免治吖。	Láo jià yào shí kuài jiǎo suì ròu. 劳驾要十块绞碎肉。	실례합니다만, 다진 고기 10 달러어치 주세요.
Bei² di¹ fei⁴ yuk⁶ tim¹ a¹. 俾啲肥肉添吖。	Zài gěi diǎnr féi ròu. 再给点儿肥肉。	비곗살 좀 더 주세요.
M⁴ yiu³ fei⁴ yuk⁶. 唔要肥肉。	Bú yào féi ròu. 不要肥肉。	비곗살은 빼 주세요.

6) 닭고기 부위

	광둥어	중국어	영어	한국어
1	gai¹ hung¹ 雞胸	jī xiōng 鸡胸	Chicken breast	닭 가슴살
2	gai¹ bei² 雞髀	jī tuǐ 鸡腿	Chicken leg	닭다리
3	gai¹ lau⁵ 雞柳	jī liǔ 鸡柳	Chicken tender	닭 안심
4	gai¹ yik⁶ 雞翼	jī chì bǎng 鸡翅膀	Chicken wing	닭 날개
5	gai¹ gon¹ / gai¹ yön² 雞肝 / 雞膶	jī gān 鸡肝	Chicken liver	닭 간
6	gai¹ san⁵ 雞腎	jī shèn 鸡肾	Chicken gizzard	닭 모래주머니

7) 돼지고기 부위

 Track 5-07

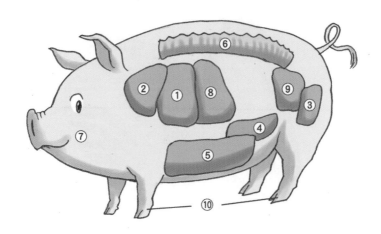

	광둥어	중국어	영어	한국어
1	paai⁴ gwat¹ 排骨	pái gǔ 排骨	Pork spare ribs	돼지 갈비
2	mui⁴ tau² / söng⁶ gin¹ yuk⁶ 梅頭 / 上肩肉	méi tóu / shàng jiān ròu 梅头 / 上肩肉	Pork shoulder chops	목살
3	zhü¹ lau⁵ 豬柳	zhū liǔ 猪柳	Pork fillet	돼지 안심
4	yuk⁶ ngaan³ 肉眼	ròu yǎn 肉眼	Pork rib eye	등심
5	ng⁵ fa¹ naam⁵ / zhü¹ naam⁵ yuk⁶ 五花腩 / 豬腩肉	wǔ huā nǎn / zhū nǎn ròu 五花腩 / 猪腩肉	Pork belly	삼겹살
6	zhü¹ gwat¹ 豬骨	zhū gǔ 猪骨	Pork bone	돼지 등뼈
7	zhü¹ lei⁶ 豬脷	zhū shé 猪舌	Pork tongue	돼지 혀
8	zhü¹ gon¹ / zhü¹ yön² 豬肝 / 豬膶	zhū gān 猪肝	Pork liver	돼지 간
9	sau³ yuk⁶ 瘦肉	shòu ròu 瘦肉	Lean meat	돼지 뒷다리살
10	zhü¹ sau² / zhü¹ gök³ / yün⁴ tai² 豬手 / 豬腳 / 元蹄	zhū shǒu / zhū jiǎo / zhū tí 猪手 / 猪脚 / 猪蹄	Pork knuckle	족발

8) 소고기 부위

	광둥어	중국어	영어	한국어
1	gin¹ yuk⁶ 肩肉	jiān ròu 肩肉	Beef shoulder	앞다리살
2	yuk⁶ ngaan³ 肉眼	ròu yǎn 肉眼	Beef rib eye	립아이
3	sai¹ laang¹ 西冷	xī lěng 西冷	Beef sirloin	등심
4	ngau⁴ lau⁵ 牛柳	niú liǔ 牛柳	Beef tenderloin	안심
5	ngau⁴ naam⁵ 牛腩	niú nán 牛腩	Beef brisket	양지
6	ngau⁴ bei² yuk⁶ 牛髀肉	niú tuǐ ròu 牛腿肉	Round thigh	설도
7	tün⁴ yuk⁶ 臀肉	tún ròu 臀肉	Beef rump	우둔
8	ngau⁴ mei⁵ 牛尾	niú wěi 牛尾	Oxtail	소꼬리
9	ngau⁴ zhin² 牛腱	niú jiàn 牛腱	Beef shin	사태
10	ngau⁴ sit³ / ngau⁴ lei⁶ 牛舌 / 牛脷	niú shé 牛舌	Beef tongue	우설

9) 해산물 구매

생선 가게에서 판매하는 해산물과 민물고기는 주로 홍콩 해역에서 잡아오거나 지역 양식장에서 키운 것들이며, 가격은 보통 '수량'이나 '근'에 따라 정해집니다. 재래시장에서는 남녀노소 누구나 좋아하는 실꼬리돔부터 값비싼 우럭바리까지 다양한 종류의 신선한 해산물을 만나 볼 수 있습니다. 대부분의 물고기는 신선도 유지를 위해 수조에 보관합니다. 한편 해산물을 구매할 때는 사장님께 필요한 생선을 잡아 달라고 말할 수도 있고, 우리나라와 마찬가지로 '비늘(魚鱗, yü⁴ lön⁴)'과 '내장(內臟, noi⁶ zhong⁶)'을 제거해 달라고 요청할 수도 있습니다.

Track 5-09

광둥어	중국어	한국어
M⁴ goi¹ yat¹ gan¹ ni¹ di¹ ha¹ a¹. 唔該一斤呢啲蝦吖。	Láo jià yào yì jīn zhè xiē xiā. 劳驾要一斤这些虾。	실례합니다만, 이 새우들 한 근만 주세요.
Ton¹ maai⁴ a¹ m⁴ goi¹. 劏埋吖唔該。	Láo jià bāng wǒ zǎi yú. 劳驾帮我宰鱼。	생선을 손질해 주세요.
Chaak³ yuk⁶ a¹ m⁴ goi¹. 拆肉吖唔該。	Láo jià bāng wǒ bǎ gǔ tou hé ròu fēn kāi. 劳驾帮我把骨头和肉分开。	뼈와 살을 분리해 주세요.

	광둥어	중국어	영어	한국어
1	hung⁴ saam¹ yü² 紅衫魚	hóng shān yú 红衫鱼	Golden threadfin bream	황줄실꼬리돔
2	wong⁴ fa¹ yü² 黃花魚	huáng huā yú 黄花鱼	Yellow croaker	황조기
3	sek⁶ baan¹ 石斑	shí bān 石斑	Rock cod / grouper	우럭바리
4	daai⁶ ngaan⁵ gai¹ 大眼雞	dà yǎn diāo 大眼鯛	Big eye	뿔돔
5	sin⁵ 鱔	shàn 鱔	Eel	드렁허리
6	waan⁵ yü² 鯇魚	cǎo yú 草鱼	Grass carp	산천어
7	nai⁴ maang¹ 泥鯭	ní měng 泥鯭	Mottled spinefoot	독가시치
8	gwai³ fa¹ yü² 桂花魚	guì huā yú 桂花鱼	Mandarin fish	쏘가리
9	wu¹ tau² 烏頭	wū tóu 乌头	Grey mullet	숭어
10	wong⁴ laap⁶ chong¹ 黃立鯧	huáng lì cāng 黄立仓	Pompano	전갱이
11	baak⁶ faan⁶ yü² 白飯魚	bái fàn yú 白饭鱼	Salangidae	뱅어
12	ha¹ 蝦	xiā 虾	Shrimp / prawn	새우

	광둥어	중국어	영어	한국어
13	haai^5 蟹	xiè 蟹	Crab	꽃게
14	lung^4 ha^1 龍蝦	lóng xiā 龙虾	Lobster	랍스터
15	laai^6 liu^6 ha^1 瀨尿蝦	pí pí xiā 皮皮虾	Mantis shrimp	갯가재
16	baau^1 yü^4 鮑魚	bào yú 鲍鱼	Abalone	전복
17	daai^3 zhi^2 帶子	dài zi 带子	Scallop	관자
18	sin^3 bui^3 扇貝	shàn bèi 扇贝	Yesso scallop	가리비
19	sing^3 zhi^2 蟶子	chēng zi 蛏子	Razor clam	맛조개
20	hin^2 蜆	xiàn 蚬	Freshwater clam	바지락
21	lo^2 螺	luó 螺	Spiral shell	고동
22	hou^4 蠔	háo 蚝	Oyster	굴
23	baat^3 zhaau^2 yü^4 八爪魚	zhāng yú 章鱼	Octopus	문어
24	mak^6 yü^4 墨魚	mò yú 墨鱼	Cuttlefish	갑오징어

	광둥어	중국어	영어	한국어
25	yau⁴ yü² (fa¹ zhi¹) 鱿魚(花枝)	yóu yú 鱿鱼	Squid	오징어
26	zhöng⁶ bat⁶ pong⁵ 象拔蚌	xiàng bá bàng 象拔蚌	Geoduck	코끼리 조개
27	saan¹ wu⁴ pong⁵ 珊瑚蚌	shān hú bàng 珊瑚蚌	Sea cucumber meat (in red)	해삼 (내장)
28	gwai³ fa¹ pong⁵ 桂花蚌	guì huā bàng 桂花蚌	Sea cucumber meat (in white)	해삼 (힘줄)
29	hoi² daam² 海膽	hǎi dǎn 海胆	Sea urchin	성게
30	tin⁴ gai¹ 田雞	tián jī 田鸡	Chinese edible frog	개구리
31	zha³ yü⁴ pei⁴ 炸魚皮	zhá yú pí 炸鱼皮	Deep fried fish skin	생선 껍질 튀김
32	leng⁴ yü⁴ kau⁴ 鯪魚球	líng yú qiú 鲮鱼球	Minced dace Fish	황어 완자
33	yü⁴ fu⁶ 魚腐	yú fǔ 鱼腐	Fried, minced fish mixed with tofu	어묵
34	mak⁶ yü⁴ waat² 墨魚滑	mò yú huá 墨鱼滑	Minced cuttlefish	오징어 완자
35	ha¹ waat² 蝦滑	xiā huá 虾滑	Minced shrimp	새우 완자
36	cheng¹ hau² 青口	yí bèi 贻贝	Mussel	홍합

yü⁴ fu⁶

魚腐

yú fǔ

鱼腐

Fried, minced fish mixed with tofu

어묵

mak⁶ yü⁴ waat²

墨魚滑

mò yú huá

墨鱼滑

Minced cuttlefish

오징어 완자

daai³ zhi²

帶子

dài zi

帶子

Scallop

관자

hin²

蜆

xiàn

蚬

Freshwater clam

바지락

lo²

螺

luó

螺

Spiral shell

고동

sing³ zhi²

蟶子

chēng zi

蛏子

Razor clam

맛조개

hoi² daam²

海膽

hǎi dǎn

海胆

Sea urchin

성게

hou⁴

蠔

háo

蚝

Oyster

굴

ha¹ waat²

蝦滑

xiā huá

虾滑

Minced shrimp

새우 완자

zha³ yü⁴ pei⁴

炸魚皮

zhá yú pí

炸鱼皮

Deep fried fish skin

생선 껍질 튀김

leng⁴ yü⁴ kau⁴

鯪魚球

líng yú qiú

鲮鱼球

Minced dace Fish

황어 완자

tin⁴ gai¹

田雞

tián jī

田鸡

Chinese edible frog

개구리

waan⁵ yü²

鯇魚

cǎo yú

草鱼

Grass carp

산천어

hung⁴ saam¹ yü²

紅衫魚

hóng shān yú

红衫鱼

Golden threadfin bream

황줄실꼬리돔

nai⁴ maang¹

泥鯭

ní měng

泥鯭

Mottled spinefoot

독가시치

laai⁶ liu⁶ ha¹

瀨尿蝦

pí pí xiā

皮皮虾

Mantis shrimp

갯가재

10) 시장에서 장보기

 Track 5-10

광둥어

손님

Gam¹ yat⁶ yau⁵ me¹ san¹ sin¹ a³?
今日有咩新鮮呀？

상인

Leng³ nöü², gam¹ yat⁶ di¹ choi³ sam¹ hou² san¹ sin¹ a³!
靚女，今日啲菜心好新鮮呀！

손님

Hai⁶ a⁴, dim² maai⁶ a³?
係呀，點賣呀？

상인

Sap⁶ sei³ man¹ yat¹ gan¹.
十四蚊一斤。

손님

Taai³ gwai³ la³, m⁴ sai² la³ m⁴ goi¹.
太貴喇，唔使喇唔該。

상인

Ni¹ di¹ hai⁶ san¹ gaai³ choi³, hou² peng⁴ ga³ la³.
呢啲係新界菜，好平㗎喇。

손님

Gam², ngo⁵ maai⁵ gan¹ bun³, peng⁴ di¹ dak¹ m⁴ dak¹ a³?
噉，我買斤半，平啲得唔得呀？

상인

Hou² la¹, sau¹ nei⁵ ya⁶ man¹ la¹.
好啦，收你廿蚊啦。

손님

Ni¹ dou⁶ ya⁶ man¹, daap³ do¹ löng⁵ tiu⁴ chung¹ a¹ m⁴ goi¹.
呢度廿蚊，搭多兩條蔥吖唔該。

중국어	한국어
Jīn tiān yǒu shén me xīn xiān cài ya? 今天有什么新鲜菜呀？	오늘 싱싱한 것 뭐 있나요?
Měi nǚ, jīn tiān de cài xīn hǎo xīn xiān ya! 美女，今天的菜心好新鲜呀！	아가씨, 오늘은 초이삼이 엄청 싱싱해요!
Shì ya, zěn me mài ya? 是呀，怎么卖呀？	그렇군요, 어떻게 파나요?
Yì jīn shí sì kuài. 一斤十四块。	한 근에 14 달러예요.
Tài guì la, bú yào le xiè xie. 太贵啦，不要了谢谢。	너무 비싸네요. 필요 없을 것 같네요. 감사합니다.
Zhè xiē shì zài Xīn jiè zhòng de cài, yǐ jīng hěn pián yi le. 这些是在新界种的菜，已经很便宜了。	이것들은 신계에서 자란 채소들이어서, 이미 엄청 저렴한 거예요.
Nà, wǒ yào yì jīn bàn, pián yi diǎnr kě yǐ ma? 那，我要一斤半，便宜点儿可以吗？	그러면 한 근 반만 주세요. 조금 깎아 주실 수 있나요?
Hǎo ba, mài nǐ èr shí kuài la. 好吧，卖你二十块啦。	알겠습니다. 20 달러에 드릴게요.
Zhè li èr shí kuài, sòng liǎng gēn cōng ba, xiè xie. 这里二十块，送两根葱吧，谢谢。	여기 20 달러요. 파 두 단만 서비스로 주세요. 감사합니다.

Track 5-11

광둥어

손님
Ching² man⁶ mong¹ gwo² dim² maai⁶ a³?
請問芒果點賣呀?

상인
Mong¹ gwo² baat³ man¹ yat¹ go³, ya⁶ man¹ saam¹ go³.
芒果八蚊一個，廿蚊三個。

손님
Ni¹ di¹ mong¹ gwo² hai² bin¹ dou⁶ lai⁴ ga³?
呢啲芒果喺邊度嚟㗎?

상인
Ni¹ di¹ mong¹ gwo² hai² Taai³ gwok³ lai⁴,
呢啲芒果喺泰國嚟,

yi⁴ ga¹ zhöü³ hap⁶ si⁴, hou² tim⁴ ga³.
而家最合時，好甜㗎。

손님
Hai⁶ a⁴, gam² ngo⁵ yiu³ saam¹ go³ a¹ m⁴ goi¹.
係呀，噉我要三個吖唔該。

Track 5-12

광둥어

손님
M⁴ goi¹ ngo⁵ yiu³ bou¹ faan¹ ke² sü⁴ zhai² tong¹,
唔該我要煲蕃茄薯仔湯,

maai⁵ me¹ yuk⁶ hou² a³?
買咩肉好呀?

상인
Maai⁵ zhü¹ gwat¹ la¹, gam¹ yat⁶ di¹ zhü¹ gwat¹ hou² leng³ a³!
買豬骨啦，今日啲豬骨好靚呀!

중국어	한국어
Qǐng wèn máng guǒ zěn me mài ya? 请问芒果怎么卖呀？	실례합니다만, 망고는 어떻게 파나요?
Máng guǒ yí ge bā kuài, èr shí kuài sān ge. 芒果一个八块，二十块三个。	망고 한 개에 8 달러, 세 개에 20 달러예요.
Zhè xiē máng guǒ shì cóng nǎ li lái de? 这些芒果是从哪里来的？	이 망고들은 어디에서 왔나요?
Zhè xiē máng guǒ cóng Tài guó lái de, 这些芒果从泰国来的， xiàn zài zhèng dāng lìng, hěn tián a. 现在正当令，很甜啊。	이 망고들은 태국에서 온 것이에요. 지금은 제철이어서 엄청 달아요.
Shì ma, nà láo jià yào sān ge. 是吗，那劳驾要三个。	그렇군요, 그러면 세 개 주세요.

중국어	한국어
Qǐng wèn wǒ yào zhǔ xī hóng shì mǎ líng shǔ tāng, 请问我要煮西红柿马铃薯汤， yīng gāi mǎi shén me ròu hǎo? 应该买什么肉好？	실례합니다만, 제가 토마토 감자탕을 끓이려고 하는데, 무슨 고기를 사는 것이 좋을까요?
Mǎi zhū gǔ tou ba, jīn tiān de zhū gǔ tou hěn xīn xiān ya! 买猪骨头吧，今天的猪骨头很新鲜呀！	돼지 등뼈로 사세요. 오늘 돼지 등뼈가 엄청 싱싱하거든요!

Hou² la¹, gam² ngo⁵ yiu³ ya⁶ man¹ zhü¹ gwat¹ tung⁴ maai⁴
好啦，嗽我要廿蚊豬骨同埋

sap⁶ man¹ min⁵ zhi⁶, bei² di¹ fei⁴ yuk⁶ tim¹ a¹.
十蚊免治，俾啲肥肉添吖。

손님

Hou² a³, zhung² gung⁶ saam¹ sap⁶ man¹.
好呀，總共三十蚊。

상인

해산물 구매  Track 5-13

광둥어

Ni¹ di¹ ha¹ gei² chin² gan¹ a³?
呢啲蝦幾錢斤呀？

손님

Ni¹ di¹ ha¹ luk⁶ sap⁶ baat³ man¹ yat¹ gan¹,
呢啲蝦六十八蚊一斤，

go² di¹ ha¹ ng⁵ sap⁶ yi⁶ man¹ yat¹ gan¹.
嗰啲蝦五十二蚊一斤。

상인

Gam², ngo⁵ yiu³ bun³ gan¹ go² di¹ ha¹,
嗽，我要半斤嗰啲蝦，

gaan² di¹ leng³ ge³ lei⁴ a¹.
揀啲靚嘅嚟吖。

손님

Ni¹ dou⁶ bun³ gan¹ ha¹, do¹ zhe⁶ nei⁵ ya⁶ luk⁶ man¹.
呢度半斤蝦，多謝你廿六蚊。

상인

Hǎo ba, nà láo jià yào èr shí kuài zhū gǔ tou, 好吧，那劳驾要二十块猪骨头， shí kuài jiǎo suì ròu, zài gěi diǎnr féi ròu. 十块绞碎肉，再给点儿肥肉。	좋아요. 그러면 돼지 등뼈 20 달러어치랑 다진 고기 10 달러어치 주시고, 비곗살도 좀 주세요.
Hǎo, yí gòng shì sān shí kuài. 好，一共是三十块。	알겠습니다. 모두 30 달러입니다.

중국어	한국어
Zhè xiē xiā duō shao qián yì jīn ya? 这些虾多少钱一斤呀？	이 새우들은 한 근에 얼마예요?
Zhè xiē xiā liù shí bā kuài yì jīn, 这些虾六十八块一斤， nà xiē xiā wǔ shí èr kuài yì jīn. 那些虾五十二块一斤。	이 새우들은 한 근에 68 달러이고, 저 새우들은 한 근에 52 달러예요.
Nà, wǒ yào bàn jīn nà xiē xiā, 那，我要半斤那些虾， tiāo xiē xīn xiān diǎnr / hǎo diǎnr de lái. 挑些新鲜点儿/好点儿的来。	그러면 저 새우들로 반 근만 주세요. 조금 싱싱한 것/좋은 것으로 골라 주세요.
Zhè li bàn jīn xiā, èr shí liù kuài, xiè xie. 这里半斤虾，二十六块，谢谢。	새우 반 근 여기 있습니다. 26 달러입니다. 감사합니다.

2 쇼핑 표현

쇼핑은 광둥어로 '買嘢, maai⁵ ye⁵'라고 합니다. 홍콩 대부분의 장소에서 쇼핑을 할 때 광둥어, 중국어 혹은 영어를 사용할 수 있습니다. 하지만 모든 사람들이 영어를 할 줄 아는 것이 아니기 때문에 상황에 맞는 광둥어 몇 마디를 익혀 두는 것이 좋습니다.

1) 가격 물어보기

제품에 가격이 표기되어 있지 않는 경우에는 아래와 같이 직원에게 물어볼 수 있습니다.

광둥어	중국어	한국어
Gei² (do¹) chin² a³? 幾(多)錢呀？	Duō shao qián? 多少钱？	얼마예요?
Dim² maai⁶ a³? 點賣呀？	Zěn me mài? 怎么卖？	어떻게 팔아요?

'幾多錢呀?, Gei² do¹ chin² a³?'는 직접적으로 가격을 묻는 표현입니다. 더 나아가 양사와 명사를 앞에 덧붙여 '이 꽃병은 얼마예요?(呢個花樽幾多錢呀?, Ni¹ go³ fa¹ zhön¹ gei² do¹ chin² a³?)'라고 물을 수도 있습니다. 이렇게 묻는다면 직원은 '가격(價錢 ga³ chin⁴) + 홍콩 달러(蚊 man¹)' 형식으로 금액을 말해 줄 것입니다. 예를 들어 '450 달러'라면 광둥어로 '四百五十蚊, sei³ baak³ ng⁵ sap⁶ man¹'이라고 말하면 됩니다.

한편 '點賣呀?, Dim² maai⁶ a³?' 또한 가격을 묻는 표현이지만, 우회적으로 할인을 해달라는 뜻을 내포하고 있습니다. 예를 들어 '한 개를 구매하면 450 달러이지만, 두 개를 구매하면 800 달러(一個四百五十蚊, 兩個八百蚊, Yat¹ go³ sei³ baak³ ng⁵ sap⁶ man¹, löng⁵ go³ baat³ baak³ man¹)로 할인해 주는 것처럼 대부분의 경우는 많이 살수록 더 저렴하거나 묶음 가격으로 구매할 수 있습니다.

Track 5-14

2) 할인 여부 물어보기

할인은 '折, zhit³' 혹은 '퍼센티지(%)'와 같은 방식으로 표기합니다. 우리나라는 할인율을 나타낼 때 할인되는 비율을 표시하는 반면, 중국은 할인된 후 지불해야 하는 비율을 표시합니다. 예를 들어 30% 세일은 '七折, Chat¹ zhit³'로 표기합니다. 한편, 대형 매장의 경우 신용카드 할인이나 멤버십 할인 등이 가능할 수 있으므로 아래의 표현법을 익혀 두는 것이 좋습니다.

광둥어	중국어	한국어
Yau⁵ mou⁵ zhit³ a³? 有冇折呀?	Yǒu méi yǒu zhé (kòu)? 有没有折(扣)?	할인하나요?

아래와 같이 가격을 흥정할 수도 있습니다.

광둥어	중국어	한국어
Yau⁵ mou⁵ peng⁴ di¹ ga³? 有冇平啲㗎?	Yǒu méi yǒu pián yi yì diǎnr de? 有没有便宜一点儿的?	조금 더 싼 것이 있나요?
Peng⁴ di¹ la¹. 平啲啦。	Pián yi yì diǎnr la. 便宜一点儿啦。	조금 싸게 해 주세요.

매장이 바빠서 직원이 바로 응대를 할 수 없을 때에는 직원은 고객에게 이렇게 말할 것입니다.

광둥어	중국어	한국어
Ching² dang² dang² a¹. 請等等吖。	Qǐng děng yi děng. 请等一等。	잠시만 기다려 주세요.
Ching² dang² yat¹ zhan⁶. 請等一陣。	Qǐng děng yí huìr. 请等一会儿。	

3) 제품 구매 여부 말하기

일부 매장, 특히 의류 매장에서 많이 발생하는 일로 만약 제품은 사고 싶지만, 마네킹에 걸려 있는 제품 혹은 전시되어 있는 제품을 원하지 않는다면, 아래와 같이 말할 수 있습니다.

광둥어	중국어	한국어
Ni¹ go³ / ni¹ di¹ yau⁵ mo⁵ san¹ ge³? 呢個 / 呢啲有冇新嘅?	zhè ge / zhè xiē yǒu xīn de ma? 这个 / 这些有新的吗?	이것/이것들은 새것 있나요?
Ngo⁵ yiu³ ni¹ go³ / ni¹ di¹ a¹. 我要呢個 / 呢啲吖。	Wǒ yào zhè ge / zhè xē. 我要这个 / 这些。	이것/이것들로 주세요.

여러 가지 제품을 구입할 때는 '이것(呢個, ni¹ go³)'이라는 말 대신 '이것들(呢啲, ni¹ di¹)'이라고 표현하면 됩니다. 또한 점원에게 하고 싶은 말을 하기 전에는 앞에 '실례합니다(唔該, m⁴ goi¹)'라는 말을 써서 상대방에 대한 예의를 표시하는 것이 좋습니다.

만약 구매를 하지 않을 경우에는 아래와 같이 말할 수 있습니다. 첫 번째 표현은 직설적인 표현인 반면, 두 번째 표현은 보다 우회적인 의미를 가지고 있습니다.

Track 5-17

광둥어	중국어	한국어
Dou¹ hai⁶ m⁴ yiu³ la³. 都係唔要喇。	Hái shi bú yào le. 还是不要了。	그냥 안 살게요.
Ngo⁵ zhoi³ tai² tai² sin¹ la¹. 我再睇睇先啦。	Wǒ zài kàn yi kàn. 我再看一看。	조금 더 둘러볼게요.

4) 포장 여부 말하기

일부 고급 매장에서는 크리스마스와 같은 큰 행사 전이나 행사 기간에 무료 포장 서비스를 제공합니다. 만약 포장이 필요한 상황이라면 아래와 같이 말할 수 있습니다.

Track 5-18

광둥어	중국어	한국어
M⁴ goi¹ baau¹ hei² köü⁵ a¹. 唔該包起佢吖。	Qǐng bāng wǒ bāo qǐ lai. 请帮我包起来。	포장해 주세요.

2015년부터 홍콩도 우리나라와 마찬가지로 비닐봉지에 요금을 부과하고 있습니다. 따라서 쇼핑을 할 때는 장바구니를 챙겨 가는 것이 좋습니다.

광둥어	중국어	한국어
M⁴ sai² doi² la³. 唔使袋喇。	Bú yòng / Bú yào dài zi. 不用/不要袋子。	봉투는 필요 없어요.
M⁴ goi¹ bei² go³ doi² a¹. 唔該俾個袋吖。	Qǐng gěi (wǒ) yí ge dài zi. 请给(我)一个袋子。	봉투 하나만 주세요.
M⁴ goi¹ bei² go³ daai⁶ di¹ ge³ doi² a¹. 唔該俾個大啲嘅袋吖。	Qǐng gěi (wǒ) yí ge dà diǎnr de dài zi. 请给(我)一个大点儿的袋子。	조금 더 큰 봉투로 하나 주세요.

홍콩은 세계에서 가장 안전한 도시 중 하나이지만, 만일을 위해 '긴급상황(緊急情況, gan² gap¹ ching⁴ fong³)'을 대비하는 것이 좋습니다. 긴급 상황 시에 쓸 수 있는 광둥어 표현을 알아 봅시다.

1) 강도 및 절도

'좀도둑(小偷, siu² tau¹)' 혹은 '소매치기범(扒手, pa⁴ sau²)'들의 표적이 되지 않기 위해서는 항상 소지품이나 귀중품을 안전하게 살펴야 합니다. 혹여나 '도둑(賊仔, chaak⁶ zhai²)'이나 '강도(搶嘢, chöng² ye⁵)'를 맞닥뜨린다면 아래와 같이 큰소리로 외쳐 보세요. 아래와 같이 말함으로써 다른 사람들의 관심을 끌 수 있습니다. 홍콩 사람들은 '도둑을 잡는 것(捉賊, zhuk¹ chaak²)'을 도와줄 준비가 되어 있습니다.

Track 5-19

광둥어	중국어	한국어
Chöng² ye⁵ a³! 搶嘢呀！	Qiǎng jié a! 抢劫啊！	도둑이야!
Zhuk¹ zhü⁶ köü⁵! 捉住佢！	Zhuā zhù tā! 抓住他！	저 놈 잡아라!
Mai⁵ zhau² a³! 咪走呀！	Bié zǒu a! 别走啊！	거기서!

만약 범죄를 저지른 것으로 의심되는 사람을 발견했지만, 아직 확신이 들지 않을 때에는 '지금 뭐하시는 거예요?!(你做乜嘢呀?!, Nei⁵ zhou⁶ mat¹ ye⁵ a³?!)'라고 말하며 경고를 주고, 주변의 다른 사람들의 주목을 끌도록 합니다.

정말로 곤경에 처한 경우에는 '경찰서(警署 / 差館, ging² chü⁵/ chaai¹ gwun²)'에 가서 '경찰(警察, ging² chaat³)'에게 상황을 알리거나, 999에 직접 전화를 걸어 신고할 수 있습니다.

2) 화재 경보

광둥어로 화재 위험은 '火燭, fo² zhuk¹'이라고 합니다. 만약 화재가 발생했다면, '불이야!(火燭呀!, Fo² zhuk¹ a³!)'라고 외치고 주변 사람들에게 알리며, 화재 발생 지역에서 벗어나야(走火警, zhau² fo² ging²) 합니다. 또한 침착하게 '화재 대피 경로(火警路線圖, fo² ging² lou⁶ sin³ tou⁴)'를 따라 안전한 장소로 '대피(疏散, so¹ saan³)'해야 합니다. 아래는 비상 대피도에서 볼 수 있는 표현입니다.

 Track 5-20

광둥어	중국어	한국어
zhau² fo² tung¹ dou⁶ 走火通道	zǒu huǒ tōng dào 走火通道	비상 통로
fong⁴ yin¹ mun⁴ 防煙門	fáng yān mén 防烟门	방화문
gan² gap¹ chöt¹ hau² 緊急出口	jǐn jí chū kǒu 紧急出口	비상구
siu¹ fong⁴ hau⁴ 消防喉	xiāo fáng hóu 消防喉	소화 호스
mit⁶ fo² tung² 滅火筒	miè huǒ tǒng 灭火筒	소화기
ging² zhung¹ 警鐘	jǐng zhōng 警钟	화재 경보기

'소방관(消防員, siu¹ fong⁴ yün⁴)'을 기다리는 동안 '살려주세요!(救命呀!, Gau³ meng⁶ a³!)' 혹은 '여기에 아직 사람 있어요!(呢度仲有人呀!, Ni¹ dou⁶ zhung⁶ yau⁵ yan⁴ a³!)' 등 같은 표현으로 다른 사람에게 본인의 위치와 상황을 알리는 것이 좋습니다.

3) 분실물

아무리 조심해도 소지품을 잃어버리는 것을 피하기는 어렵습니다. 광둥어로 '잃어버리다'는 '唔見咗, m⁴ gin³ zho²', '까먹다, 잊어버리다'는 '漏低咗, lau⁶ dai¹ zho²'라고 표현합니다.

 Track 5-21

광둥어	중국어	한국어
Ngo⁵ m⁴ gin³ zho² go³ ngan⁴ baau¹. 我唔見咗個銀包。	Wǒ de qián bāo bú jiàn le. 我的钱包不见了。	제 지갑이 없어졌어요. 제 지갑이 안 보여요.
Ngo⁵ m⁴ gin³ zho² bun² wu⁶ zhiu³. 我唔見咗本護照。	Wǒ de hù zhào bú jiàn le. 我的护照不见了。	제 여권이 없어졌어요. 제 여권이 안 보여요.
Ngo⁵ lau⁶ dai¹ zho² go³ din⁶ wa² hai² zhau² dim³. 我漏低咗個電話喺酒店。	Wǒ bǎ diàn huà là zài le jiǔ diàn. 我把电话落在了酒店。	제가 휴대 전화를 까먹고 호텔에 두고 왔어요.

아래는 자주 잃어버리는 물품 리스트입니다.

광둥어	중국어	한국어
chin² 錢	qián 钱	돈
wu⁶ zhiu³ 護照	hù zhào 护照	여권
gei¹ piu³ 機票	jī piào 机票	비행기표
sön³ yung⁶ kaat¹ 信用卡	xìn yòng kǎ 信用卡	신용카드
hang⁴ lei⁵ 行李	xíng li 行李	짐, 여행 가방
ngan⁴ baau¹ 銀包	qián bāo 钱包	지갑
söng² gei¹ 相機	xiàng jī 相机	카메라
din⁶ wa² 電話	diàn huà 电话	휴대 전화
sau² tai⁴ din⁶ nou⁵ 手提電腦	bǐ jì běn diàn nǎo 笔记本电脑	노트북
so² si⁴ 鎖匙	yào shi 钥匙	열쇠

만약 다른 사람에게 본인의 분실물을 본 적이 있는지 물어보고 싶을 때에는 '실례합니다만, 제 ~을(를) 본 적 있으신가요?(請問有冇見過……呀?, Ching² man⁶ yau⁵ mou⁵ gin³ gwo³……a³?)'라고 표현하면 됩니다. 그러면 상대방은 '봤어요(有, Yau⁵)' 혹은 '못 봤어요(冇, Mou⁵)'라고 대답을 할 것입니다. 그리고 본인의 분실물에 관해서는 상대방에게 최대한 자세히 설명을 해 주는 것이 분실물을 찾는데 도움이 됩니다.

chin²
錢
qián
钱
Money
돈

wu⁶ zhiu³
護照
hù zhào
护照
Passport
여권

gei¹ piu³
機票
jī piào
机票
Air ticket
비행기표

sön³ yung⁶ kaat¹
信用卡
xìn yòng kǎ
信用卡
Credit card
신용카드

hang⁴ lei⁵
行李
xíng li
行李
Luggage
짐, 여행 가방

ngan⁴ baau¹
銀包
qián bāo
钱包
Wallet
지갑

söng² gei¹
相機
xiàng jī
相机
Camera
카메라

din⁶ wa²
電話
diàn huà
电话
Cell phone
휴대 전화

sau² tai⁴ din⁶ nou⁵
手提電腦
bǐ jì běn diàn nǎo
笔记本电脑
Laptop computer
노트북

so² si⁴
鎖匙
yào shi
钥匙
Key
열쇠

4) 교통사고

'자동차 사고(車禍, che¹ wo⁶)'가 났다면, '경찰에 신고(報警, bou³ ging²)'를 해야 하며, 만약 부상을 당했다면 주변 사람들에게 도움을 요청해야 합니다.

광둥어	중국어	한국어
M⁴ goi¹ bong¹ ngo⁵ giu³ baak⁶ che¹. 唔該幫我叫白車。	Láo jià bāng wǒ jiào jiù hù chē. 劳驾帮我叫救护车。	죄송합니다만, 구급차 좀 불러 주세요.
M⁴ goi¹ bong¹ ngo⁵ da² gau² gau² gau². 唔該幫我打999。	Láo jià bāng wǒ dǎ jiǔ jiǔ jiǔ. 劳驾帮我打999。	죄송합니다만, 999에 전화 좀 해 주세요.
M⁴ goi¹ bong¹ ngo⁵ da² din⁶ wa² bou³ ging². 唔該幫我打電話報警。	Láo jià bāng wǒ dǎ diàn huà bào jǐng. 劳驾帮我打电话报警。	죄송합니다만, 경찰 좀 불러 주세요.

구급차는 흰색이기 때문에 홍콩에서는 '白車, baak⁶ che¹'라고도 부릅니다. 홍콩의 비상 전화번호는 999이며, 999에 전화를 거는 것은 경찰에 신고하는 것을 의미합니다. 또한 교통사고는 보통 충돌을 동반하기 때문에 '접촉사고(撞車, zhong⁶ che¹)' 혹은 '충돌사고(炒車, chaau² che¹)'라고 합니다.

홍콩에서도 '음주 측정(酒精測試, zhau² zhing¹ chaak¹ si³)'이 존재하며, 음주운전이 의심되거나 사고가 발생했을 시 경찰은 운전자에게 吹波仔, chöü¹ bo¹ zhai²라고 불리는 음주측정기로 운전자의 혈중 알코올 농도를 측정합니다.

과속은 광둥어로 '超速, chiu¹ chuk¹'이라고 합니다. 속도를 위반하는 운전자는 교통경찰관에게 체포되며, 운전면허증과 신분증을 제시해야 합니다. 홍콩에서 운전하는 운전자들은 과속으로 인해 경찰에게 잡혔을 때 해야 하는 3가지 행동을 숙지하고 있어야 하는데, 바로 '시동을 끄고, 운전면허증과 신분증(熄匙、車牌、身份證, sik¹ si⁴、che¹ paai⁴、san¹ fan² zhing³)'을 제시하는 것입니다.

5) 신체 부위

 Track 5-23

몸이 불편할 때 의사에게 질병을 더 잘 설명할 수 있도록 아래에 신체 부위를 나열하였습니다.

	광둥어	중국어	영어	한국어
1	tau⁴ 頭	tóu 头	Head	머리
2	ngaan⁵ 眼	yǎn 眼	Eye	눈
3	yi⁵ 耳	ěr 耳	Ear	귀
4	hau² 口	kǒu 口	Mouth	입
5	bei⁶ 鼻	bí 鼻	Nose	코
6	geng² 頸	jǐng 颈	Neck	목
7	hau⁴ lung⁴ 喉嚨	hóu lóng 喉咙	Throat	목구멍(인후)
8	bok³ tau⁴ 膊頭	jiān bǎng 肩膀	Shoulder	어깨
9	san¹ 身	shēn 身	Trunk / body	몸
10	sau² 手	shǒu 手	Hand	손
11	sau² bei³ 手臂	shǒu bì / gē bo 手臂 / 胳膊	Arm	팔(뚝)
12	sau² zhaang¹ 手踭	gē bo zhǒu 胳膊肘	Elbow	팔꿈치
13	sau² zhi² 手指	shǒu zhǐ 手指	Finger	손가락
14	gök³ 腳	tuǐ / jiǎo 腿 / 脚	Leg / foot	다리
15	daai⁶ bei² 大脾	dà tuǐ 大腿	Thigh	허벅지

	광둥어	중국어	영어	한국어
16	sat¹ tau⁴ 膝頭	xī gài 膝盖	Knee	무릎
17	siu² töü² 小腿	xiǎo tuǐ 小腿	Lower leg / shank	종아리
18	gök³ baan² dai² 腳板底	jiǎo dǐ 脚底	Sole	발바닥
19	gök³ zhi² 腳趾	jiǎo zhǐ 脚趾	Toe	발가락
20	sam¹ zhong⁶ 心臟	xīn zàng 心脏	Heart	심장
21	fai³ 肺	fèi 肺	Lung	폐
22	wai⁶ 胃	wèi 胃	Stomach	위
23	gon¹ 肝	gān 肝	Liver	간
24	chöng² 腸	cháng 肠	Intestines	장

컨디션이 좋지 않을 때에는 '저 몸이 좋지 않아요.(我唔舒服, Ngo⁵ m⁴ sü¹ fuk⁶.)'라고 말할 수 있지만, 몸의 특정 부위가 아프다고 말하고 싶을 때에는 '저 ~이(가) 아파요.(我 Ngo⁵ + 身體部位(신체 부위) + 痛 tung³)'라고 말하면 됩니다.

Track 5-24

광둥어	중국어	영어	한국어
Ngo⁵ m⁴ sü¹ fuk⁶. 我唔舒服。	Wǒ bù shū fu. 我不舒服。	I don't feel well.	몸이 안 좋아요.
Ngo⁵ tau⁴ tung³. 我頭痛。	Wǒ tóu tòng. 我头痛。	I have a headache.	머리가 아파요.
Ngo⁵ hau⁴ lung⁴ tung³. 我喉嚨痛。	Wǒ hóu lóng tòng. 我喉咙痛。	I have a sore throat.	인후통이 있어요.

6) 질병 및 증상

	광둥어	중국어	영어	한국어
1	gam² mou⁶ 感冒	gǎn mào 感冒	Flu	감기(에 걸리다)
2	söng¹ fung¹ 傷風	shāng fēng 伤风	A cold	몸살 감기
3	kat¹ 咳	ké sou 咳嗽	Cough	기침
4	zhok³ au² 作嘔	fǎn wèi 反胃	Nausea	구역질
5	faat³ laang⁵ 發冷	fā lěng 发冷	Chills	오한
6	tau⁴ wan⁴ 頭暈	tóu yūn 头晕	Dizziness	어지럼증
7	bin⁶ bei³ 便秘	biàn mì 便秘	Constipation	변비
8	sang¹ lei⁵ tung³ 生理痛	jīng tòng 经痛	Dysmenorrhea	생리통
9	pei⁴ fu¹ man⁵ gam² 皮膚敏感	pí fū mǐn gǎn 皮肤敏感	Skin allergy	피부 알레르기
10	am³ chong¹ 暗瘡	àn chuāng 暗疮	Acne	여드름
11	fei¹ zhi¹ 飛滋	kǒu qiāng kuì yáng 口腔溃疡	Mouth ulcer	구강염
12	bei⁶ sak¹ 鼻塞	bí sāi 鼻塞	Nasal congestion / stuffy nose	코막힘

7) 부상

	광둥어	중국어	영어	한국어
1	gaai³ chan¹ 剮親	huá pò 划破	Cut	베다, 베이다
2	nau² chan¹ 扭親	niǔ shāng 扭伤	Sprained	접질리다, 삐다
3	gwat¹ zhit³ 骨折	gǔ zhé 骨折	Bone fracture / broken bone	골절되다
4	gwat¹ lit³ 骨裂	gǔ liè 骨裂	Bone fracture / crack in the bone	뼈에 금이 가다, 골절되다
5	lat¹ gaau³ 甩骹	tuō jiù 脱臼	Broken joint	탈구하다, 탈구되다
6	lau⁴ hüt³ 流血	liú xiě 流血	Bleeding	출혈하다, 피가 나다
7	siu¹ söng¹ 燒傷	shāo shāng 烧伤	Burn	화상을 입다
8	lau⁴ bei⁶ hüt³ 流鼻血	liú bí xiě 流鼻血	Nosebleeding	코피가 나다

8) 의약품

Rx 표시가 있는 약국을 '註冊藥房, zhü³ chaak³ yök⁶'이라고 합니다. 해당 로고가 있는 약국만이 정부가 허가한 의약품을 판매할 수 있습니다.

	광둥어	중국어	영어	한국어
1	wan⁴ long⁶ yün² 暈浪丸	yūn làng wán 晕浪丸	Motion sickness medicine	멀미약
2	siu¹ fa³ yök⁶ 消化藥	xiāo huà yào 消化药	Digestant	소화제
3	wai⁶ yök⁶ 胃藥	wèi yào 胃药	Antacid	위장약
4	ngaan⁵ yök⁶ söü² 眼藥水	yǎn yào shuǐ 眼药水	Eye drop	안약

5	zhi² au² yök⁶ 止嘔藥	zhǐ tù yào 止吐药	Antinausea drugs	진토약 (구토 방지)
6	zhi² tung³ yök⁶ 止痛藥	zhǐ tòng yào 止痛药	Painkiller	진통제
7	töü³ siu¹ yök⁶ 退燒藥	tuì shāo yào 退烧药	Antipyretic	해열제
8	kat¹ yök⁶ söü² 咳藥水	zhǐ ké yào shuǐ 止咳药水	Cough syrup	기침약
9	kong³ sang¹ sou³ 抗生素	kàng shēng sù 抗生素	Antibiotics	항생제
10	hau⁴ tong² 喉糖	hóu táng 喉糖	Throat drop	목캔디
11	gaau¹ bou³ 膠布	chuāng kě tiē 创可贴	Sticking plaster	반창고
12	sa¹ bou³ 紗布	shā bù 纱布	Gauze	거즈
13	min⁴ fa¹ 棉花	mián huā 棉花	Medical cotton	솜
14	bang¹ daai² 繃帶	bēng dài 绷带	Bandage	붕대
15	siu¹ duk⁶ yök⁶ söü² 消毒藥水	xiāo dú yào shuǐ 消毒药水	Antiseptic solution	소독약
16	laam⁴ / hung⁴ / wong⁴ yök⁶ söü² 藍 / 紅 / 黃藥水	zǐ / hóng / huáng yào shuǐ 紫 / 红 / 黃药水	Methyl violet / Mercurochrome / Acrinol solution	빨간약(외상용 소독약의 일종)
17	baak⁶ fa¹ yau⁴ 白花油	bái huā yóu 白花油	White flower embrocation / Analgesic balm	백화유 (활력 충전용 마사지 오일)
18	köü¹ fung¹ yau⁴ 驅風油	qū fēng yóu 驱风油	Pain relieving aromatic oil	통증 완화 오일
19	taam³ yit⁶ zham¹ 探熱針	tǐ wēn jì 体温计	Medical thermometer	체온계

kat¹ yök⁶ söü²

咳藥水

zhǐ ké yào shuǐ

止咳药水

Cough syrup

기침약

gaau¹ bou³

膠布

chuāng kě tiē

创可贴

Sticking plaster

반창고

sa¹ bou³

紗布

shā bù

纱布

Gauze

거즈

min⁴ fa¹

棉花

mián huā

棉花

Medical cotton

솜

bang¹ daai²

繃帶

bēng dài

绷带

Bandage

붕대

siu¹ duk⁶ yök⁶ söü²

消毒藥水

xiāo dú yào shuǐ

消毒药水

Antiseptic solution

소독약

laam⁴ / hung⁴ / wong⁴ yök⁶ söü²

藍 / 紅 / 黃藥水

zǐ / hóng / huáng yào shuǐ

紫 / 红 / 黄药水

Methyl violet/
Mercurochrome /
Acrinol solution

빨간약(외상용 소독약의 일종)

baak⁶ fa¹ yau⁴

白花油

bái huā yóu

白花油

White flower embrocation /
Analgesic balm

백화유(활력 충전용 마사지 오일)

köü¹ fung¹ yau⁴

驅風油

qū fēng yóu

驱风油

Pain relieving aromatic oil

통증 완화 오일

4 주거지

홍콩은 전세계에서 집값이 가장 비싼 곳으로 잘 알려져 있는데, 이외에도 흥미로운 점들이 많습니다.

1) 주택 시설

 Track 5-28

대다수의 홍콩 사람들은 아파트에 거주하고 있으며, 아파트를 구할 때 위치, 전망, 연식, 층수 그리고 내부 인테리어 등을 고려합니다. 위의 사항들은 부동산 중개인 또는 집주인에게 문의할 수 있습니다.

	광둥어	중국어	영어	한국어
1	zhü² yan⁴ fong² 主人房	zhǔ wò shì / fáng 主卧室 / 房	Master bedroom	안방
2	haak³ fong² 客房	kè fáng 客房	Guest room	손님방
3	gung¹ yan⁴ fong² 工人房	gōng rén fáng 工人房	Room for domestic helper	가사도우미 방
4	bi⁴ bi¹ fong² BB房	yīng ér fáng 婴儿房	Room for kids	아기 방
5	sü¹ fong² 書房	shū fáng 书房	Study room	서재
6	haak³ teng¹ 客廳	kè tīng 客厅	Living room	거실
7	faan⁶ teng¹ 飯廳	fàn tīng 饭厅	Dining room	식당 (식탁이 있는 곳)
8	chöü⁴ fong² 廚房	chú fáng 厨房	Kitchen	부엌
9	lou⁶ toi⁴ 露台	yáng tái 阳台	Balcony	베란다
10	chi³ so² / sai² sau² gaan¹ 廁所 / 洗手間	cè suǒ / xǐ shǒu jiān 厕所 / 洗手间	Toilet	화장실
11	yuk⁶ sat¹ 浴室	yù shì 浴室	Bathroom	욕실

 화장실이 있는 안방을 '套房, tou³ fong²'이라고도 하며, 또한 홍콩에서는 바닥 면적을 측정할 때는 '평방 피트(呎, chek³)'로 나타냅니다.

다음은 아파트 평면도 샘플입니다.

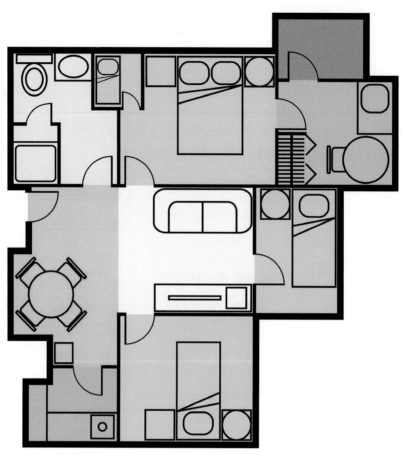

광둥어	중국어	한국어
Yau⁵ mou⁵······ga³? 有冇······㗎?	Yǒu méi yǒu······? 有没有······?	~이(가) 있나요?
Bin¹ dou⁶ hai⁶······a³? 邊度係······呀?	Nǎ li shì······? 哪里是······?	~은(는) 어디에 있나요?
Kan⁵ m⁴ kan⁵······ga³? 近唔近······㗎?	Jìn bu jìn······? 近不近······?	~은(는) 가깝나요?

2) 편의 시설

편의 시설은 홍콩 사람들이 매우 중요하게 생각하는 요소입니다. 따라서 아파트 자체 뿐만 아니라 편의 시설 또한 아파트를 고를 때 중요한 고려 대상이 됩니다.

	광둥어	중국어	영어	한국어
1	daai⁶ tong⁴ 大堂	dà táng 大堂	Lobby	로비
2	gwun² lei⁵ chü³ 管理處	guǎn lǐ chù 管理处	Manaaement office	관리 사무소
3	wui⁶ so² 會所	huì suǒ 会所	Club house	클럽 하우스
4	yau⁴ wing⁶ chi⁴ 游泳池	yóu yǒng chí 游泳池	Swimming pool	수영장
5	gin⁶ san¹ sat¹ 健身室	jiàn shēn shì 健身室	Gym room	헬스장
6	kau⁴ chöng⁴ 球場	qiú chǎng 球场	Tennis court	테니스장
7	gung¹ yün² 公園	gōng yuán 公园	Park	공원
8	chiu¹ kap¹ si⁵ chöng⁴ 超級市場	chāo shì 超市	Supermarket	슈퍼마켓, 마트
9	dei⁶ tit³ zhaam⁶ 地鐵站	dì tiě zhàn 地铁站	MTR station	지하철역
10	bin⁶ lei⁶ dim³ 便利店	biàn lì diàn 便利店	Convenience store	편의점

yau⁴ wing⁶ chi⁴

游泳池

yóu yǒng chí

游泳池

Swimming pool

수영장

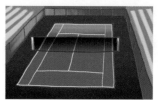

kau⁴ chöng⁴

球場

qiú chǎng

球场

Tennis court

테니스장

gung¹ yün²

公園

gōng yuan

公园

Park

공원

bin⁶ lei⁶ dim³

便利店

biàn lì diàn

便利店

Convenience store

편의점

chiu¹ kap¹ si⁵ chöng⁴

超級市場

chāo shì

超市

Supermarket

슈퍼마켓, 마트

dei⁶ tit³ zhaam⁶

地鐵站

dì tiě zhàn

地铁站

MTR station

지하철역

3) 가구

홍콩 임대 아파트는 대부분의 가구가 옵션에 포함됩니다. 어떤 가구가 있는지 궁금하다면 아래의 가구 리스트를 참고하여 '~이(가) 있나요?(有冇……㗎?, Yau⁵ mou⁵……ga³?)'라고 물어볼 수 있습니다.

	광둥어	중국어	영어	한국어
1	chong⁴ 牀	chuáng 床	Bed	침대
2	so¹ fa² 梳化	shā fā 沙发	Sofa	소파
3	chaan¹ toi² 餐枱	cān zhuō 餐桌	Dining table	식탁
4	dang³ 櫈	yǐ zi 椅子	Chair	의자
5	sü¹ toi² 書枱	shū zhuō 书桌	Desk	책상
6	haai⁴ gwai⁶ 鞋櫃	xié guì 鞋柜	Shoe cabinet	신발장
7	nün⁵ lou⁴ 暖爐	nuǎn qì jī 暖气机	Heater	난방기, 히터
8	yi¹ gwai⁶ 衣櫃	yī guì 衣柜	Wardrobe	옷장
9	süt³ gwai⁶ 雪櫃	bīng xiāng 冰箱	Refrigerator	냉장고
10	yuk⁶ gong¹ 浴缸	yù gāng 浴缸	Bath tub	욕조
11	din⁶ si⁶ gei¹ 電視機	diàn shì jī 电视机	TV set	텔레비전
12	laang⁵ hei³ gei¹ 冷氣機	kōng tiáo 空调	Air conditioner	에어컨
13	sai² yi¹ gei¹ 洗衣機	xǐ yī jī 洗衣机	Washing machine	세탁기
14	gon¹ yi¹ gei¹ 乾衣機	hōng gān jī 烘干机	Clothes dryer	건조기
15	chau¹ sap¹ gei¹ 抽濕機	chōu shī jī 抽湿机	Dehumidifier	제습기
16	chau¹ yau⁴ yin¹ gei¹ 抽油煙機	chōu yóu yān jī 抽油烟机	Range hood	레인지 후드
17	chau¹ hei³ sin³ 抽氣扇	huàn qì shàn 换气扇	Ventilation fan	환풍기

chong⁴

牀

chuáng

床

Bed

침대

so¹ fa²

梳化

shā fā

沙发

Sofa

소파

chaan¹ toi²

餐枱

cān zhuō

餐桌

Dining table

식탁

dang³

櫈

yǐ zi

椅子

Chair

의자

sü¹ toi²

書枱

shū zhuō

书桌

Desk

책상

haai⁴ gwai⁶

鞋櫃

xié guì

鞋柜

Shoe cabinet

신발장

nün⁵ lou⁴

暖爐

nuǎn qì jī

暖气机

Heater

난방기, 히터

chau¹ hei³ sin³

抽氣扇

huàn qì shàn

换气扇

Ventilation fan

환풍기

yi¹ gwai⁶
衣櫃
yī guì
衣柜
Wardrobe
옷장

süt³ gwai⁶
雪櫃
bīng xiāng
冰箱
Refrigerator
냉장고

sai² yi¹ gei¹
洗衣機
xǐ yī jī
洗衣机
Washing machine
세탁기

chau¹ sap¹ gei¹
抽濕機
chōu shī jī
抽湿机
Dehumidifier
제습기

din⁶ si⁶ gei¹
電視機
diàn shì jī
电视机
TV set
텔레비전

laang⁵ hei³ gei¹
冷氣機
kōng tiáo
空调
Air conditioner
에어컨

한편 그 밖에 물건들이 어디에 있는지 물어보고 싶을 때에는 '~은(는) 어디에 있나요?(⋯⋯喺邊度呀?, ⋯⋯hai² bin¹ dou⁶ a³?)'라고 물어볼 수 있습니다.

4) 가전 및 잡화류

	광둥어	중국어	영어	한국어
1	söü² zhai³ 水掣	shuǐ zǒng zhá 水总闸	Water supply main switch	수도 밸브
2	söü² lung⁴ tau⁴ 水龍頭	shuǐ lóng tóu 水龙头	Faucet	수도꼭지
3	din⁶ zhai³ 電掣	diàn yuán kāi guān 电源开关	Power supply switch	누전 차단기
4	mui⁴ hei³ lou⁴ 煤氣爐	méi qì lú 煤气炉	Gas stove	가스레인지
5	yit⁶ söü² lou⁴ 熱水爐	rè shuǐ qì 热水器	Water heater	온수기
6	ma⁵ tung² 馬桶	mǎ tǒng 马桶	Toilet bowl	변기통
7	yam² söü² gei¹ 飲水機	yǐn shuǐ jī 饮水机	Water dispenser	정수기
8	dang¹ 燈	dēng 灯	Lighting	등
9	gwong¹ gwun² 光管	dēng guǎn 灯管	Fluorescent lamp	형광등
10	dang¹ daam² 燈膽	dēng pào 灯泡	Light bulb	전구
11	yuk⁶ lim² 浴簾	yù lián 浴帘	Shower curtain	샤워 커튼
12	laap⁶ saap³ tung² 垃圾桶	lā jī tǒng 垃圾桶	Rubbish bin	쓰레기통
13	maan⁶ nang⁴ chaap³ sou¹ 萬能插蘇	sān kǒng chā zuò / wàn néng chā 三孔插座 / 万能插	Multiple plug	멀티탭

söü² lung⁴ tau⁴
水龍頭
shuǐ lóng tóu
水龙头
Faucet
수도꼭지

din⁶ zhai³
電掣
diàn yuán kāi guān
电源开关
Power supply switch
누전 차단기

ma⁵ tung²
馬桶
mǎ tǒng
马桶
Toilet bowl
변기통

laap⁶ saap³ tung²
垃圾桶
lā jī tǒng
垃圾桶
Rubbish bin
쓰레기통

yit⁶ söü² lou⁴
熱水爐
rè shuǐ qì
热水器
Water heater
온수기

dang¹
燈
dēng
灯
Lighting
등

5) 가정에서 자주 발생하는 문제들

	광둥어	중국어	영어	한국어
1	ting⁴ din⁶ 停電	tíng diàn 停电	Power suspension	정전되다
2	mou⁵ söü² 冇水	tíng shuǐ 停水	Water supply suspension	단수하다
3	lau⁶ söü² 漏水	lòu shuǐ 漏水	Water leakage	누수, 물이 새다
4	lau⁶ din⁶ 漏電	lòu diàn 漏电	Electric leakage	누전되다
5	saang¹ sau³ 生鏽	shēng xiù 生锈	Rusting	녹슬다
6	lau⁶ mui⁴ hei³ 漏煤氣	lòu méi qì 漏煤气	Gas leakage	가스가 새다
7	baau³ söü² hau⁴ 爆水喉	bào shuǐ guǎn 爆水管	Water pipe burst	수도관이 터지다
8	fo² zhuk¹ 火燭	huǒ zāi 火灾	Fire	화재
9	söü² zham³ 水浸	shuǐ zāi 水灾	Flood	수재, 수해
10	siu¹ fui¹ si² 燒灰士	tiào zhá 跳闸	Fuse blowing	차단기가 내려가다
11	chi³ so² sak¹ zho² 厠所塞咗	cè suǒ dǔ sè 厕所堵塞	Toilet clogged	변기가 막히다
12	mun⁴ zhung¹ waai⁶ zho² 門鐘壞咗	mén líng huài le 门铃坏了	Doorbell broken	초인종이 고장나다
13	mun⁴ so² waai⁶ zho² 門鎖壞咗	mén suǒ huài le 门锁坏了	Door lock broken	도어락이 고장나다
14	waai⁶ lip¹ 壞軩	diàn tī gù zhàng 电梯故障	Lift out of order	엘리베이터가 고장나다

15	bei² yan⁴ da² gip³ 俾人打劫	bèi rén dǎ jié 被人打劫	Being robbed	강도를 당하다
16	bei² yan⁴ tau¹ ye⁵ 俾人偷嘢	bèi rén tōu dōng xi 被人偷东西	Having something stolen	도둑 맞다
17	tin¹ fa¹ baan² sam³ söü² 天花板滲水	tiān huā bǎn lòu shuǐ 天花板漏水	Water seepage from the ceiling	천장에서 물이 새다

6) 아파트 관리 및 서비스직

 Track 5-34

	광둥어	중국어	영어	한국어
1	yip⁶ zhü² 業主	fáng dōng 房东	Landlord / property owner	집주인
2	gwun² lei⁵ yün⁴ 管理員	guǎn lǐ yuán 管理员	Residential guard	관리인, 경비원
3	wai⁴ sau¹ gung¹ yan⁴ 維修工人	xiū lǐ rén yuán 修理人员	Repairman	수리공
4	ching¹ git³ gung¹ yan⁴ 清潔工人	qīng jié gōng (rén) 清洁工(人)	Cleaner	청소부
5	zhou¹ haak³ 租客	fáng kè / zū kè 房客 / 租客	Tenant	세입자
6	yau⁴ chaai¹ 郵差	yóu chāi / yóu dì yuán 邮差 / 邮递员	Postman	집배원
7	bun¹ wan⁶ gung¹ yan⁴ 搬運工人	bān yùn gōng (rén) 搬运工(人)	Mover / Porter	짐꾼 (짐을 옮겨주는 사람)
8	ngoi⁶ maai⁶ (yan⁴ yün⁴) 外賣(人員)	wài mài (rén yuán) 外卖(人员)	Delivery(staff)	배달 음식, 음식 배달원

Tip

* 홍콩 대부분의 식당들은 기본적으로 배달 서비스를 제공합니다.

광둥어로 임대료는 '租金, zhou¹ gam¹'이라고 하며, 보증금은 '按金, ngon³ gam¹' 또는 '上期, söng⁶ kei⁴'라고 합니다. 세입자는 집주인과 대금 지불 방식이나 보증금 액수를 합의 하에 정할 수 있으며, 보증금의 경우는 보통 한 달이나 두 달치 월세로 책정합니다.

gwun² lei⁵ yün⁴
管理員

guǎn lǐ yuán
管理员

Residential guard

관리원, 경비원

wai⁴ sau¹ gung¹ yan⁴
維修工人

xiū lǐ rén yuán
修理人员

Repairman

수리공

ching¹ git³ gung¹ yan⁴
清潔工人

qīng jié gōng (rén)
清洁工(人)

Cleaner

청소부

bun¹ wan⁶ gung¹ yan⁴
搬運工人

bān yùn gōng (rén)
搬运工(人)

Mover / Porter

짐꾼(짐을 옮겨주는 사람)

yau⁴ chaai¹
郵差

yóu chāi / yóu dì yuán
邮差/邮递员

Postman

집배원

ngoi⁶ maai⁶ (yan⁴ yün⁴)
外賣(人員)

wài mài (rèn yuán)
外卖(人员)

Delivery(staff)

배달 음식, 음식 배달원

1) 홍콩의 공휴일

	광둥어	중국어	영어	한국어
1	yün⁴ daan³ 元旦	yuán dàn 元旦	New Year (1 January)	신정(양력 1월 1일)
2	nin⁴ saam¹ sap⁶ maan⁵ 年三十晚	nóng lì chú xī 农历除夕	Lunar New Year's Eve	섣달그믐
3	nung⁴ lik⁶ (san¹) nin⁴ 農曆(新)年	chūn jié 春节	Lunar New Year	구정(음력 1월 1일)
4	ching⁴ yan⁴ zhit³ 情人節	qíng rén jié 情人节	Valentine's Day (14 February)	발렌타인 데이 (2월 14일)
5	yi⁴ tung⁴ zhit³ 兒童節	ér tóng jié 儿童节	Children's Day (4 April)	어린이날(4월 4일)
6	ye⁴ sou¹ sau⁶ naan⁶ zhit³ 耶穌受難節	yē sū shòu nàn jié 耶稣受难节	Good Friday	성 금요일 (부활절 직전 금요일)
7	fuk⁶ wut⁶ zhit³ 復活節	fù huó jié 复活节	Easter	부활절
8	lou⁴ dung⁶ zhit³ 勞動節	láo dòng jié 劳动节	Labour Day (1 May)	근로자의 날(5월 1일)
9	mou⁵ chan¹ zhit³ 母親節	mǔ qīn jié 母亲节	Mother's Day (2nd Sunday of May)	어머니의 날 (5월 둘째 주 일요일)
10	fu⁶ chan¹ zhit³ 父親節	fù qīn jié 父亲节	Father's Day (3rd Sunday of June)	아버지의 날 (6월 셋째 주 일요일)
11	wui⁴ gwai¹ gei² nim⁶ yat⁶ 回歸紀念日	Huí guī jì niàn rì 回归纪念日	Hong Kong Special Administrative Region Establishment Day (1 July)	홍콩 주권 반환 기념일(7월 1일)

12	zhung¹ chau¹ zhit³ 中秋節	zhōng qiū jié 中秋节	Chinese Mid-Autumn Festival	중추절, 추석
13	gwok³ hing³ 國慶	guó qìng 国庆	National Day (1 October)	국경절(10월 1일)
14	dung¹ zhi³ 冬至	dōng zhì 冬至	Chinese Winter Solstice Festival	동지
15	ping⁴ on¹ ye⁶ 平安夜	píng ān yè 平安夜	Christmas Eve (24 December)	크리스마스 이브
16	sing³ daan³ zhit³ 聖誕節	shèng dàn jié 圣诞节	Christmas Day (25 December)	크리스마스
17	chöü⁴ zhik⁶ 除夕	chú xī 除夕	New Year's Eve (31 December)	새해 전야(12월 31일)

2) 축하 인사

Track 5-36

홍콩에서는 기념일이나 특별한 날에 '······快樂, ······faai³ lok⁶'이라고 하여 축하 인사를 전합니다. 아래는 자주 쓰이는 축하말입니다.

	광둥어	중국어	영어	한국어
1	saang¹ yat⁶ faai³ lok⁶! 生日快樂!	shēng rì kuài lè! 生日快乐!	Happy birthday!	생일 축하해요!
2	san¹ nin⁴ faai³ lok⁶! 新年快樂!	xīn nián kuài lè! 新年快乐!	Happy New Year!	새해 복 많이 받으세요!
3	fuk⁶ wut⁶ zhit³ faai³ lok⁶! 復活節快樂!	fù huó jié kuài lè! 复活节快乐!	Happy Easter!	즐거운 부활절 되세요!
4	sing³ daan³ faai³ lok⁶! 聖誕快樂!	shèng dàn kuài lè! 圣诞快乐!	Merry Christmas!	메리 크리스마스!

3) 새해 인사

설은 중국인들이 가장 중요하게 생각하는 명절입니다. 보통 가족이나 친구들과 모임을 가지며, 4음절 단어로 서로 축하 인사를 하고는 합니다. 아래는 자주 쓰이는 새해 인사말입니다.

	광둥어	중국어	영어	한국어
1	gung¹ hei² faat³ choi⁴! 恭喜發財!	gōng xǐ fā cái! 恭喜发财!	Wish you a prosperous year!	부자 되세요!
2	san¹ tai² gin⁶ hong¹! 身體健康!	shēn tǐ jiàn kāng! 身体健康!	Wish you good health!	건강하세요!
3	sam¹ söng² si⁶ sing⁴! 心想事成!	xīn xiǎng shì chéng! 心想事成!	May your wishes come true!	원하시는 일 모두 이루시길 바라요!
4	maan⁶ si⁶ sing³ yi³! 萬事勝意!	wàn shì rú yì! 万事如意!	May things get better than your expectations!	하시는 일 모두 잘되시길 바라요!
5	chöt¹ yap⁶ ping⁴ on¹! 出入平安!	chū rù píng ān! 出入平安!	May you be safe wherever you go!	어디서나 평안하시길 바라요!
6	lung⁴ ma⁵ zhing¹ san⁴! 龍馬精神!	lóng mǎ jīng shén! 龙马精神!	Wish you good health!	건강하고 활기차게 살 수 있길 바라요!
7	hok⁶ yip⁶ zhön³ bou⁶! 學業進步!	xué yè jìn bù! 学业进步!	Best wishes on your studies!	학업이 잘 되길 바라요!
8	faai³ gou¹ zhöng² daai⁶! 快高長大!	kuài gāo zhǎng dà! 快高长大!	May you grow strong and healthy (for kids)!	건강하게 자라길 바라요!
9	ching¹ chön¹ söng⁴ zhü³! 青春常駐!	qīng chūn cháng zhù! 青春常驻!	May you stay youthful and beautiful!	젊고 아름답게 사시길 바라요!
10	siu³ hau² söng⁴ hoi¹! 笑口常開!	xiào kǒu cháng kāi! 笑口常开!	May you be happy all the time!	항상 웃는 일만 있으시길 바라요!

11	nin⁴ nin⁴ yau⁵ yü⁴! 年年有餘!	nián nián yǒu yú! 年年有余!	May there be surpluses every year!	해마다 풍요롭길 바라요!
12	ga¹ fei⁴ nguk¹ yön⁶! 家肥屋潤!	jiā féi wū rùn! 家肥屋润!	Wish your family a prosperous year!	집이 넉넉하고 윤택해지길 바라요!
13	gam¹ ngan⁴ mun⁵ nguk¹! 金銀滿屋!	jīn yín mǎn wū! 金银满屋!	Wish you abundant wealth!	금과 은이 온 집안에 가득하길 바라요!
14	fa¹ hoi¹ fu³ gwai³! 花開富貴!	huā kāi fù guì! 花开富贵!	May your wealth bloom like flowers!	부와 명예가 꽃처럼 활짝 피어나길 바라요!
15	zhiu¹ choi⁴ zhön³ bou²! 招財進寶!	zhāo cái jìn bǎo! 招财进宝!	Wish you a prosperous year!	재물의 축복이 있길 바라요!
16	saang¹ yi³ hing¹ lung⁴! 生意興隆!	shēng yì xīng lóng! 生意兴隆!	Great success in your business!	사업 번창하세요!
17	choi⁴ yün⁴ gwong² zhön³! 財源廣進!	cái yuán guǎng jìn! 财源广进!	May your sources of income expand!	부자 되세요!
18	bou⁶ bou⁶ gou¹ sing¹! 步步高陞!	bù bù gāo shēng! 步步高升!	Wish you promotion and success!	승승장구하길 바라요!
19	daai⁶ gat¹ daai⁶ lei⁶! 大吉大利!	dà jí dà lì! 大吉大利!	May you be fortunate!	모든 일이 순조롭길 바라요!
20	yü⁴ yi³ gat¹ chöng⁴! 如意吉祥!	rú yì jí xiáng! 如意吉祥!	May your wishes come true and you be fortunate!	이루고자 하는 일 모두 이루길 바라요!
21	sei³ gwai³ ping⁴ on¹! 四季平安!	sì jì píng ān! 四季平安!	May you be safe all year through!	사계절 내내 평안하길 바라요!
22	yat¹ bun² maan⁶ lei⁶! 一本萬利!	yì běn wàn lì! 一本万利!	May your business bring a huge profit!	사업의 발전을 기원해요!

어휘 색인 (Index)

A

| a^1 | 吖 | 제안이나 요청의 어기를 나타냄 | 2-44 | p43 |
| ai^2 | 矮 | 낮다, (키가) 작다 | 2-20 | p41 |

B

ba^1 si^2	巴士	버스	4-11	p109
baan^6 gung^1 sat^1	辦公室	사무실	3-32	p76
baat^3 daat^6 tung^1	八達通	옥토퍼스 카드(홍콩의 교통카드)	4-22	p109
bak^1 (min^6)	北(面)	북(쪽)	3-12	p75
bei^2	俾	주다, ~에게	2-1	p40
beng^6 ga^3	病假	병가	1-39	p11
bun^3 ye^2	半夜	새벽, 한밤중	1-46	p11

C

cha^1 / zhaang^1	差 / 爭	모자라다, 부족하다	1-31	p10
cha^1 m^4 do^1	差唔多	거의	1-29	p10
chin^4 min^6 / chin^4 bin^6	前面 / 前便	앞(쪽)	3-15	p75
ching^2 man^6	請問	실례합니다, 잠깐 여쭙겠습니다	1-42	p11
cho^3	錯	틀리다	2-8	p40
cho^5 / daap^3	坐 / 搭	(이동수단을) 타다	4-1	p108
chöng^4	長	길다	2-21	p41
chöt^1 chaai^1	出差	출장을 가다	1-6	p8
chöt^1 hau^2	出口	출구	3-26	p76

D

da^2 bin^1 lou^4	打邊爐	훠궈, 샤브샤브	4-31	p110
daai^3	帶	(몸에) 지니다, 휴대하다	3-3	p74
daai^6	大	크다	2-11	p41
dak^1 yi^3	得意	귀엽다	2-32	p42
dak^6 ga^3	特價	특가	2-33	p42

dei⁶ fu³	地庫	지하	3-42	p77
dei⁶ ha²	地下	1층	3-41	p77
dei⁶ tit³ (zhaam⁶)	地鐵(站)	지하철(역)	3-31	p76
dik¹ si²	的士	택시	4-9	p108
dim² (zhung¹)	點(鐘)	(시간의) 시	1-20	p9
dim² gaai²	點解	왜, 어째서	4-39	p110
dim² yöng²	點樣	어떻게	3-39	p77
din⁶ che¹ / ding¹ ding¹	電車 / 叮叮	홍콩 트램, 홍콩 전차	4-15	p109
do¹	多	많다	2-13	p41
döü³ min⁶	對面	맞은편, 반대편	3-23	p76
dün²	短	짧다	2-22	p41
dung¹ (min⁶)	東(面)	동(쪽)	3-9	p74

F				
faai³	快	빠르다	4-26	p110
faan¹ gung¹	返工	출근하다	1-8	p8
fan¹ / fan¹ zhung¹	分 / 分鐘	(시간의) 분	1-21	p9
fan³ (gaau³)	瞓(覺)	잠을 자다	1-2	p8
fei¹	飛	날다	4-29	p110
fei¹ gei¹	飛機	비행기	4-13	p109
fo² che¹	火車	기차	4-12	p109
fo³ / söng¹ ban²	貨 / 商品	물건, 상품	2-35	p42
fong¹ bin⁶	方便	편리하다	4-24	p109
fong³ ga³	放假	휴가로 쉬다, 방학하다	1-10	p9
fong³ gung¹	放工	퇴근하다	1-9	p9
fu³	褲	바지	2-37	p43
fu⁶ gan⁶	附近	근처, 부근	3-24	p76

G				
ga¹ baan¹	加班	야근하다	1-7	p8
gam¹ maan⁵	今晚	오늘 저녁	1-26	p10
gam¹ zhiu¹	今朝	오늘 아침	1-25	p10

gan^1 zhü^6	跟住	이어서, 잇따라	4-37	p110
gau^6	舊	오래되다, 낡다	2-16	p41
gei^1 chöng^4	機場	공항	3-30	p76
gei^1 chöng^4 faai^3 sin^3	機場快線	공항 철도(공항 직통 열차)	4-18	p109
gei^2 (do^1)	幾(多)	얼마, 몇	1-17	p9
gei^2 si^4	幾時	언제	1-41	p11
gin^3	見	보다, 만나다	3-2	p74
ging^2 chü^5 / chaai^1 gwun^2	警署 / 差館	경찰서	3-33	p77
go^1 yi^5 fu^1 kau^4	哥爾夫球	골프	4-23	p109
go^3 zhi^6	個字	5분	1-24	p10
go^3 zhung^1 (tou^4)	個鐘(頭)	시간	1-23	p10
gou^1	高	높다, (키가) 크다	2-19	p41
gung^1 zhung^3 ga^3 kei^4	公眾假期	공휴일	1-37	p11
gwai^3	貴	비싸다	2-27	p42
gwo^3	過	넘다, 건너다	3-7	p74
gwo^3 ma^5 lou^6	過馬路	길을 건너다	3-37	p77
gwui^6	劷(癐)	피곤하다	2-9	p41

H				
ha^6 min^6 / ha^6 bin^6	下面 / 下便	아래(쪽)	3-14	p75
haai^4	鞋	신발	2-38	p43
haang^4	行	걷다, 가다	3-4	p74
haang^4 gaai^1	行街	거리를 구경하며 돌아다니다, 아이쇼핑하다	4-5	p108
haang^4 lou^6 höü^3	行路去	걸어가다	4-25	p109
hai^2	喺	~에서, ~에 있다	3-1	p74
hau^6 min^6 / hau^6 bin^6	後面 / 後便	뒤(쪽)	3-16	p75
hei^2 san^1	起身	일어나다	1-1	p8
hei^3 yün^2	戲院	영화관	3-27	p76
hing^1 tit^3	輕鐵	경전철(LRT)	4-16	p109
ho^2 yi^5	可以	~할 수 있다, ~해도 된다	3-43	p77
hoi^1 chi^2	開始	시작하다	1-3	p8

hoi¹ pou³ / hoi¹ mun⁴	開舖 / 開門	가게 문을 열다, 영업을 시작하다	1-15	p9
hoi¹ wui²	開會	회의를 하다	1-5	p8
hou²	好	좋다	2-25	p42
hou²	好	매우, 아주	2-45	p43
höü³ löü⁵ hang⁴	去旅行	여행을 가다	4-7	p108

K				
kan⁵	近	가깝다	2-24	p42
kwan⁴	裙	치마	2-39	p43

L				
la³	喇	강조의 어기를 나타냄	2-43	p43
laai¹	拉	당기다	2-6	p40
laam⁶ che¹	纜車	케이블카, 피크 트램	4-14	p109
lau²	樓	층	3-40	p77
leng³	靚	예쁘다	2-10	p41
lo²	攞	가져가다, (손으로) 잡다	2-3	p40
lok⁶	落	내리다	3-6	p74
löü⁵ min⁶ / löü⁵ bin⁶ yap⁶ min⁶ / yap⁶ bin⁶	裏面 / 裏便 入面 / 入便	안(쪽)	3-19	p75

M				
maan⁶	慢	느리다	4-27	p110
man⁴ göü⁶ dim³	文具店	문구점	3-35	p77
miu⁵	秒	초	1-22	p10
mui⁵	每	모든, ~마다	1-34	p10

N				
naam⁴ (min⁶)	南(面)	남(쪽)	3-10	p75
naam⁴ zhong¹	男裝	남성복	2-29	p42
naan⁴	難	어렵다	2-17	p41
ngaam¹	啱	맞다, 옳다	2-7	p40
ngaan³ zhau³ / ha⁶ zhau³	晏晝 / 下晝	점심, 오후	1-44	p11

ngoi⁶ min⁶ / ngoi⁶ bin⁶ chöt¹ min⁶ / chöt¹ bin⁶	外面 / 外便 出面 / 出便	바깥(쪽)	3-20	p76
ngoi⁶ tou³	外套	외투, 코트	2-41	p43
nin⁴ / yüt⁶ / hou⁶	年 / 月 / 號	년, 월, 일	1-18	p9
nin⁴ ga³	年假	연차	1-38	p11
nöü⁵ zhong¹	女裝	여성복	2-30	p42

O				
Ou³ mun²	澳門	마카오	4-21	p109

P				
peng⁴	平	싸다	2-28	p42

S				
saam¹	衫	옷	2-36	p42
saan¹ pou³ / saan¹ mun⁴	閂舖 / 閂門	가게 문을 닫다, 영업을 끝내다	1-16	p9
sai¹ (min⁶)	西(面)	서(쪽)	3-11	p75
sai² sau² gaan¹ / chi³ so²	洗手間 / 廁所	화장실	3-34	p77
sai³	細	작다	2-12	p41
sak¹ che¹	塞車	차가 막히다	4-33	p110
Sam¹ zhan³	深圳	선전, 심천	4-19	p109
san¹	新	새롭다	2-15	p41
san¹ fun²	新款	신제품, 신상	2-34	p42
sau² doi²	手袋	(손)가방	2-42	p43
sau² sön³	手信	기념품	4-28	p110
si³	試	시도하다	2-4	p40
sik⁶ maan⁵ faan⁶	食晚飯	저녁을 먹다	1-13	p9
sik⁶ ngaan³	食晏	점심을 먹다	1-12	p9
sik⁶ siu¹ ye²	食宵夜	야식을 먹다	1-14	p9
sik⁶ zhou² chaan¹	食早餐	아침을 먹다	1-11	p9
sing¹ kei⁴ / lai⁵ baai³	星期 / 禮拜	요일	1-19	p9
siu¹ ye⁵ sik⁶	燒野食	바비큐	4-30	p110
siu²	少	적다	2-14	p41

siu² ba¹	小巴	미니버스	4-10	p108
söng¹ chöng⁴	商場	쇼핑몰	3-28	p76
söng⁶ min⁶ / söng⁶ bin⁶	上面 / 上便	위(쪽)	3-13	p75
söü¹ / cha¹	衰 / 差	나쁘다	2-26	p42
sü¹ guk²	書局	서점	3-36	p77
sün⁴ / siu² lön⁴	船 / 小輪	배, 페리	4-8	p108

T				
taai¹	呔	넥타이	2-40	p43
ting⁴	停	멈추다	3-5	p74
töü¹	推	밀다	2-5	p40
tung⁴ zhong¹	童裝	아동복	2-31	p42

Y				
yan¹ wai⁶	因為	왜냐하면	4-40	p110
yap⁶ hau²	入口	입구	3-25	p76
yat¹ chai⁴	一齊	같이	1-36	p11
yau¹ sik¹	休息	휴식하다	1-40	p11
yau⁴……dou³……	由……到……	~부터 ~까지	1-35	p11
yau⁴……höü³……	由……去……	~부터 ~까지 가다	3-44	p77
yau⁴ zhaam⁶	油站	주유소	3-29	p76
yau⁵ lok⁶	有落	하차하다, 내리다	4-35	p110
yau⁵ si⁴	有時	가끔	1-28	p10
yau⁶ (sau²) min⁶ yau⁶ (sau²) bin⁶	右(手)面 右(手)便	오른쪽	3-18	p75
ye⁶ maan⁵	夜晚	저녁, 밤	1-45	p11
yi⁴ ga¹	而家	지금	1-27	p10
yin⁴ hau⁶	然後	그리고 나서, 그러한 후에	4-38	p110
yin⁴ ng⁶	延誤	연착되다, 지연되다	4-34	p110
yün⁴	完	끝나다	1-4	p8
yün⁵	遠	멀다	2-23	p42

yung⁴ yi⁶ / yi⁶ / gaan² daan¹	容易 / 易 / 簡單	쉽다	2-18	p41

	Z			
zha¹ che¹	揸車	운전하다	4-6	p108
zhaau² chin²	找錢	잔돈을 거슬러 주다	4-36	p110
zhak¹ bin¹ / gaak³ lei⁴	側邊 / 隔離	옆(쪽)	3-21	p76
zhik⁶ höü³ / zhik⁶ haang⁴	直去 / 直行	앞으로 쭉 가다, 직진하다	3-38	p77
zhik⁶ tung¹ ba¹	直通巴	직통버스	4-17	p109
zhiu¹ (tau⁴) zhou² / söng⁶ zhau³	朝(頭)早 / 上晝	아침, 오전	1-43	p11
zho²	咗	(이미) ~했다, ~하게 되었다	1-47	p11
zho² (sau²) min⁶ zho² (sau²) bin⁶	左(手)面 左(手)便	왼쪽	3-17	p75
zhök³	着	입다	2-2	p40
zhou⁶	做	하다	4-2	p108
Zhü¹ hoi²	珠海	주하이, 주해	4-20	p109
zhü⁶	住	살다	4-3	p108
zhün³	轉	환승하다, 갈아타다	4-4	p108
zhün³ (waan¹)	轉(彎)	돌다, 꺾다	3-8	p74
zhung¹ gaan¹	中間	중간, 가운데	3-22	p76
zhung¹ yi³	鍾意	좋아하다	2-46	p43
zhung² zhaam⁶	總站	터미널	4-32	p110

오휘 색인

GO! 독학
광둥어 두걸음
쓰기 노트

1 今日係幾月幾號呀？　오늘은 몇 월 며칠이에요?

➡ 今日係幾月幾號呀？

---

2 今日係4月16號。　오늘은 4월 16일이에요.

➡ 今日係4月16號。

---

3 今日係公眾假期。　오늘은 공휴일이에요.

➡ 今日係公眾假期。

---

4 你而家有冇時間呀？　지금 시간 있나요?

➡ 你而家有冇時間呀？

---

5 你今晚幾點放工呀? 오늘 저녁 몇 시에 퇴근하세요?

➡ 你今晚幾點放工呀?

_____

_____

6 我今晚六點(鐘)放工。 저는 오늘 저녁 6시에 퇴근해요.

➡ 我今晚六點(鐘)放工。

_____

_____

7 放咗工去飲嘢吖? 퇴근하고 한 잔 할래요?

➡ 放咗工去飲嘢吖?

_____

_____

8 你今晚食唔食宵夜呀? 오늘 저녁에 야식 먹을래요?

➡ 你今晚食唔食宵夜呀?

_____

_____

9 要等幾耐㗎? 얼마나 기다려야 하나요?

➡ 要等幾耐㗎?

10 等多一個字啦。 5분만 더 기다려 주세요.

➡ 等多一個字啦。

11 呢個好貴。 이것은 너무 비싸네요.

➡ 呢個好貴。

12 有冇平啲㗎? 조금 더 싼 것 있나요?

➡ 有冇平啲㗎?

13 呢件係大碼(嘅)衫。　이 옷은 L 사이즈예요.

➡ 呢件係大碼(嘅)衫。

---

14 有冇加大碼㗎？　XL 사이즈 있나요?

➡ 有冇加大碼㗎？

---

15 有冇其他顏色呀？　다른 색상도 있나요?

➡ 有冇其他顏色呀？

---

16 有。有藍色、橙色、綠色同埋金色。
있어요. 파란색, 주황색, 초록색, 그리고 금색이 있어요.

➡ 有。有藍色、橙色、綠色同埋金色。

17 邊個好啲呀？   어떤 것이 조금 더 나아요?

➡ 邊個好啲呀？

18 俾我試吓吖。   한번 입어 볼게요.

➡ 俾我試吓吖。

19 呢件外套太大喇。   이 외투는 너무 커요.

➡ 呢件外套太大喇。

20 呢條褲太長喇。   이 바지는 너무 길어요.

➡ 呢條褲太長喇。

21 呢條裙好好着。 이 치마는 착용감이 좋아요.

➡ 呢條裙好好着。

22 好耐冇見，你靚咗好多。 오랜만이에요. 많이 예뻐지셨네요.

➡ 好耐冇見，你靚咗好多。

23 呢個蛋糕太甜，我唔食。 이 케이크는 너무 달아요. 저는 안 먹을래요.

➡ 呢個蛋糕太甜，我唔食。

24 我唔識講廣東話。 저는 광둥어를 할 줄 몰라요.

➡ 我唔識講廣東話。

25 你識唔識講英文? 당신은 영어 할 줄 아세요?

➡ 你識唔識講英文?

26 唔該講慢啲。 죄송합니다만, 조금 천천히 얘기해 주세요.

➡ 唔該講慢啲。

27 我蕩失路。 저는 길을 잃었어요.

➡ 我蕩失路。

28 我漏低咗電話喺廁所。 휴대 전화를 화장실에 두고 왔어요.

➡ 我漏低咗電話喺廁所。

29 小心睇車。　　차 조심하세요.

➡ 小心睇車。

---

30 邊度有戲院呀？　　어디에 영화관이 있나요?

➡ 邊度有戲院呀？

---

31 戲院喺商場裏面。　　영화관은 쇼핑몰 안에 있어요.

➡ 戲院喺商場裏面。

---

32 呢度冇戲院。　　이곳에는 영화관이 없어요.

➡ 呢度冇戲院。

---

33 邊度有油站呀?　어디에 주유소가 있나요?

➡ 邊度有油站呀?

---

34 油站喺警署/差館隔離。　주유소는 경찰서 옆에 있어요.

➡ 油站喺警署/差館隔離。

---

35 右面有醫院。　오른쪽에 병원이 있어요.

➡ 右面有醫院。

---

36 附近有酒店。　근처에는 호텔이 없어요.

➡ 附近有酒店。

37 去邊度呀？　어디로 갈까요?

➡ 去邊度呀？

_____

_____

38 唔該去女人街吖。　실례합니다만, 우먼스트리트로 가 주세요.

➡ 唔該去女人街吖。

_____

_____

39 唔該揸慢啲。　죄송합니다만, 조금 천천히 가 주세요.

➡ 唔該揸慢啲。

_____

_____

40 邊度落呀？　어디에서 내리세요?

➡ 邊度落呀？

_____

_____

41 轉彎有落吖。　코너 돌아서 내릴게요.

➡ 轉彎有落吖。

42 行路去要幾耐㗎？　걸어가면 얼마나 걸리나요?

➡ 行路去要幾耐㗎？

43 我哋搭小巴返學。　저희는 미니버스를 타고 학교에 가요.

➡ 我哋搭小巴返學。

44 洗手間喺邊度呀？　화장실은 어디에 있나요?

➡ 洗手間喺邊度呀？

45 洗手間喺百貨公司嘅四樓。　　화장실은 백화점 4층에 있어요.

➡ 洗手間喺百貨公司嘅四樓。

---

46 你搭巴士去邊度呀？　　당신은 버스를 타고 어디에 가세요?

➡ 你搭巴士去邊度呀？

---

47 我搭巴士去尖沙咀。　　저는 버스를 타고 침사추이에 가요.

➡ 我搭巴士去尖沙咀。

---

48 我睇緊雜誌。　　저는 잡지를 보고 있어요.

➡ 我睇緊雜誌。

---

49 媽咪睇緊電視。 어머니는 텔레비전을 보고 계세요.

➡ 媽咪睇緊電視。

_____

_____

50 細妹打緊電話。 여동생은 전화를 하고 있어요.

➡ 細妹打緊電話。

_____

_____